Danko Rabrenović

Herzlich willkommenčić

Danko Rabrenović

Herzlich willkommenčić

Heimatgeschichten vom Balkanizer

DUMONT

Erste Auflage 2015
© 2015 DuMont Buchverlag, Köln
Alle Rechte vorbehalten
Umschlag: Lübbeke Naumann Thoben, Köln
Satz: Angelika Kudella, Köln
Gesetzt aus der Adobe Garamond Pro und der Nexus
Druck und Verarbeitung: CPI books GmbH, Leck
Gedruckt auf säurefreiem und chlorfrei gebleichtem Papier
Printed in Germany
ISBN 978-3-8321-6332-7

www.dumont-buchverlag.de

für Maja und Ana

Es ist doch ganz leicht:
Der Balkan ist eine schwere Kost!

Balkan. Wo ist das? Was ist das? Je nachdem wie man es betrachtet – politisch, geografisch, historisch, kulturell oder sprachlich –, gibt es eine ganze Reihe von Definitionen für diese Halbinsel im Südosten Europas. Doch fast alle sind sich einig: Der Balkan ist eine schwere Kost. Selbst mir und anderen Balkanesen geht das manchmal so. Wo der Balkan beginnt? Das fragen sich die Menschen schon seit vielen Generationen – und haben mehr als eine Antwort. Für die Deutschen beginnt der Balkan bereits in Wien, für die Österreicher in Slowenien, für die Slowenen in Kroatien und für die Kroaten natürlich noch weiter östlich oder südlich, in Serbien oder Bosnien und Herzegowina. Und so weiter.

»Balkanphobie« bis hin zum Bosporus. Irgendwie will keiner etwas mit dieser Gegend zu tun haben. Sie gilt als wild, chaotisch, barbarisch, primitiv, schmutzig, verrückt und gefährlich zugleich. Vielleicht hat sie aber gerade deswegen schon immer einen großen Reiz ausgeübt, nicht nur auf Touristen, sondern auch auf Schriftsteller – etwa auf Karl May, der sogar über die »Schluchten des Balkan« schrieb, ohne je selbst da gewesen zu sein.

Allein im 20. Jahrhundert gab es auf dem Balkan mehrere Kriege. Der Erste Weltkrieg ist sogar in Sarajevo ausgebrochen.

Auch über die Balkanherrschaft der Osmanen und Habsburger ist viel geschrieben worden. Und den Jugoslawienkrieg in den Neunzigerjahren konnte man »live« im Fernsehen verfolgen. Diese Bilder sind immer noch präsent: Die Jugo-Brüder schießen aufeinander, das Land fällt auseinander, Tausende Tote und Millionen Menschen auf der Flucht. Viele in Richtung Deutschland. Wie ich.

Es gibt aber auch einen anderen Balkan. Einen kulturellen Raum mitten in Europa, der unglaublich bunt, facettenreich und inspirierend ist. Dort liegt meine kulturelle Identität, die ich auch mit nach Deutschland gebracht habe. Meine alte Heimat Jugoslawien habe ich wegen des Krieges 1991 verlassen müssen. Damals war ich zweiundzwanzig Jahre alt, verbittert, verzweifelt, enttäuscht und wütend auf die ganze Welt. Besonders wütend war ich natürlich darauf, dass die Politiker in Jugoslawien die wichtigste Prüfung ihres Lebens nicht bestanden hatten. Ich erwartete nicht von ihnen, das Land auf Biegen und Brechen vor dem Zerfall zu schützen. Aber den Krieg, den hätten sie um jeden Preis verhindern müssen. Denn im Krieg gibt es nur Verlierer. Es sei denn, man ist Kriegsprofiteur.

Wie viele meiner Landsleute musste auch ich in Deutschland bei null anfangen. Neue Sprache, neue Kultur, neue Menschen. Als »geduldeter Flüchtling« durfte ich die ersten drei Jahre nicht arbeiten und auch nicht das Bundesland verlassen, in dem ich gestrandet war. Meine Welt war auf die Größe Nordrhein-Westfalens geschrumpft.

Ich war Stammgast bei der Ausländerbehörde. Die Beamten dort haben alles getan, um mir das Leben schwer zu machen und mich wieder loszuwerden. Jahrelange Erniedrigung. Ohne meine Tante Sonja und ihren deutschen Mann Helmut hätte ich das alles nicht hinbekommen. Und natürlich war ich froh in

Sicherheit zu sein und meinen Kopf noch auf den Schultern zu tragen. Weit weg von Krieg und Nationalismus. Alles war besser als das.

Zurück auf den Balkan kehre ich trotzdem immer wieder gerne. Nach Zagreb, wo ich geboren wurde und wo meine Mutter lebt. Nach Belgrad, wo ich zur Schule gegangen bin und noch viele Verwandte und Freunde habe. Am liebsten jedoch kehre ich zurück auf die kleine Insel mitten in Dalmatien, auf der ich als Kind und Jugendlicher die Sommerferien verbracht habe. Das ist mein Balkandreieck: Zagreb, Belgrad und die Insel, deren Namen ich aus völlig egoistischen Gründen nicht preisgeben möchte. Die ist nämlich zu klein für uns alle. Und ein Geheimtipp sollte schließlich geheim bleiben.

Heute reise ich zwei bis drei Mal im Jahr in die alte Heimat und werde immer wieder Teil von skurrilen Begebenheiten, die man in dieser Form wirklich nur dort erleben kann. Ich kann nicht mal sagen, ob all diese Momente gut oder schlecht sind. In jedem Fall sind sie unorthodox und einzigartig. Sie passieren in einer Welt der Extreme, in der nichts so ist, wie es scheint. Eine Taxifahrt durch Belgrad, eine Begegnung mit einem Männerchor in Dalmatien oder eine Party in Zagreb – die alltäglichsten Dinge können auf dem Balkan zu einer Geschichte werden, die man irgendwann noch seinen Enkelkindern erzählen will.

Diese Einzigartigkeit des Balkans wäre mir wahrscheinlich gar nicht aufgefallen, wenn ich immer noch dort lebte. Eigentlich hat sich mein Balkanbild erst in Deutschland richtig formiert. Von hier aus sehe ich einiges klarer – oder zumindest anders. Erst hier im Exil habe ich verstanden, woher ich komme und was meine alte Heimat war. Andererseits kann ich durch meine »balkanesische Brille« auch immer wieder auf Deutschland und die Deutschen schauen. Sitten, Bräuche und Gepflogenheiten feststellen, vergleichen, fühlen. In Deutschland habe ich eine neue Heimat gewonnen – und meine alte Heimat besser kennengelernt. Diese Perspektivwechsel haben mein Leben bereichert, meine Seele und meinen Verstand geöffnet. So wurde ich zum Kosmopoliten, der in mehreren Kulturen zu Hause ist und nicht mehr in engen, nationalen Kategorien denken und fühlen kann. Natürlich bin ich mit diesem Gefühl nicht allein. Ich freue mich immer wieder über die vielen Begegnungen mit Menschen, die ebenfalls in mehreren Kulturen und Sprachen zu Hause sind, und über die »Biodeutschen«, die diese Vielfalt schätzen und daran mitwirken.

Ich habe meine kulturelle Identität mit meinem Alltag in Deutschland verschmolzen. »Mein Balkan« liegt auch in Düsseldorf, wo ich lebe, in Köln, wo ich arbeite, und überall dort, wo ich unterwegs bin. Und »mein Deutschland« – all das, was mein Leben in den vergangenen Jahren so sehr geprägt hat – nehme ich mit nach Belgrad, Zagreb und an die Adria. Manchmal ist das komisch, manchmal traurig, meistens spannend. Aber immer sehr unterhaltsam.

Mein Kindheitsdreieck

Die älteste Datei auf meiner Erinnerungsfestplatte stammt aus Zagreb. Dort wurde ich geboren – an einem kalten, schneereichen Februartag. Natürlich erinnere ich mich nicht wirklich an die Geburt und die ersten Ereignisse meines Lebens. Aber ich kenne ein paar Geschichten, die mir meine Eltern später erzählten. Zum Beispiel, dass ich als Baby so dick und so groß war, dass mich die Krankenschwestern in der Kinderklinik immer einzeln aus dem Schlafraum zu meiner Mutter trugen, während die anderen Babys neben- und übereinander auf einem Wagen gestapelt wurden. Die Krankenschwestern hatten angeblich Angst, dass ich mit meinen viereinhalb Kilo die anderen Babykollegen zerquetschen würde.

An dem Tag, an dem meine Mutter und ich aus dem Krankenhaus entlassen werden sollten, kamen meine Großeltern, um uns abzuholen. Sie brachten mir ein königliches Kleid aus feiner weißer Seide. Die Wickelsachen aber hatten sie leider vergessen. Unter meinem aristokratischen Dress trug ich also alte und gebrauchte Leihwindeln aus dem Krankenhaus. Da es auch an diesem Tag heftig schneite, wurde ich zusätzlich noch in eine Decke eingewickelt, sodass man weder meine Füße noch meinen Kopf sehen konnte. Im Taxi hielt mich meine Oma Viktorija, genannt Vika, senkrecht auf dem Schoß. Und als sie die

Decke aufmachte, um mir einen Kuss zu geben, trafen ihre Lippen meine kleinen Fußzehen. Sie hielt mich nämlich die ganze Zeit falsch herum. »Kein Wunder, dass mit dir etwas nicht stimmt«, wiederholte mein Vater immer, wenn ihm etwas an mir nicht gefiel – und erinnerte mich dann an die Episode im Taxi.

Meine ersten Jahre verbrachte ich in Zagreb bei Oma Vika und Opa Drago. Mama und Papa arbeiteten beide in Belgrad, was gut vierhundert Kilometer weit weg ist. Sie hatten noch keine Wohnung und standen am Anfang ihrer Journalistenkarrieren beim Radio. Daher war ich bei meinen Großeltern vorerst besser aufgehoben. Mindestens einmal die Woche aber fuhren meine Eltern nach Zagreb, um mich zu sehen. Ich selbst sah meine Mama auch manchmal im Fernsehen, wie sie als Belgrad-Korrespondentin von Radio und TV Zagreb vor irgendwelchen großen Gebäuden stand und wichtig klingende Dinge erzählte. Wenn ich sie abends in den Nachrichten sah, rannte ich immer zur Eingangstür und erwartete sie jeden Moment in der Wohnung. Ja, ich habe meine Eltern oft vermisst. Ansonsten fehlte es mir bei meinen Großeltern aber an nichts. Auch ohne Seidenkleid war ich immer der kleine König und fühlte mich geborgen.

Oma Vika und Opa Drago wohnten in einem alten Haus im Zentrum Zagrebs, nur etwa zweihundert Meter von der Kathedrale entfernt. Auf dem großen Innenhof vor dem Haus habe ich Laufen gelernt. Auch die ersten Runden auf meinem roten Dreirad habe ich dort gedreht. Neben einem langen Eingangsflur lag ein Raum, den ich noch heute ziemlich genau vor Augen habe: die Werkstatt von Opa Drago. Er war Puppenbauer und fertigte Schaufensterpuppen, kleine Statuen und Sachen aus Gips an – für Geschäfte, Theater, Museen und für die Kirche. Das ganze Haus roch nach Kleber, den er für seine Modelle benutzte. Das ist wahrscheinlich der erste Geruch, an den ich mich erinnere. Und das erste Spielzeug, an das ich mich richtig gut erinnern kann, ist ein Schallplattenspieler des slowenischen Herstellers »Iskra«. Auf diesem legte ich als DJ jeden Tag einen Haufen Singles für meine Großeltern und deren Freunde auf. Obwohl ich damals noch nicht lesen konnte, war ich in der Lage, aus fünfzig Schallplatten immer das gewünschte Lied herauszufischen und die Nadel auf der richtigen Stelle abzusetzen.

Sonntags gingen wir nicht in die Kirche, sondern zum Mittagstisch zu meiner Urgroßmutter, die alle nur Grossa nannten. Grossa lebte in einem kleinen Haus bei uns im Hinterhof, direkt neben Vika und Drago. Ich weiß nicht, ob der normale Weg durch die Eingangstür für meine Großeltern zu lang oder aus irgendeinem Grund ungeeignet war, aber sie bevorzugten einen anderen, etwas ungewöhnlichen Weg: durch das Fenster. Und die Fenster hatten Gitter. Aber da meine Oma und mein Opa sehr schlanke Menschen waren, passten sie trotzdem hindurch. Für sie war es vollkommen normal, zwischen den Gitterstäben durch das Fenster zu klettern, und das in voller Montur: Opa Drago in Anzug, Hemd, Krawatte und Hut – Oma Vika in einem Damenkleid mit hochhackigen Schuhen. Als Kind fand ich all das ganz normal. Manchmal, wenn meine Eltern am Wochenende da waren, betraten und verließen auch sie die Wohnung durch das Fenster. Und wenn uns einer der Nachbarn bei diesen Fensteraktionen über den Weg lief, wurde nur freundlich gegrüßt, und mein Opa hob kurz seinen Hut.

Mit knapp vier Jahren bin ich dann zum ersten Mal umgezogen. Nach Belgrad, zu meinen Eltern. Da kam ich sofort in einen Kindergarten, der direkt neben unserem vierzehnstöckigen Hochhaus lag. Wir wohnten in der dritten Etage. Die Wohnung gehörte Radio Belgrad, wo mein Vater angestellt war. Im Sozialismus stellten große Firmen ihren Mitarbeitern Wohnungen zur Verfügung. Die Wohnung gehörte uns also nicht, aber wir durften dort für eine moderate Miete wohnen, so lange wir wollten. Man zahlte dazu noch geringe Nebenkosten sowie die Gebühren für Telefon und Strom. Das hört sich heute unwahrscheinlich an. War aber so.

In Belgrad vermisste ich meine Zagreber Großeltern sehr, dafür gewann ich eine Menge neue Freunde. Alleine in unserem Hochhaus lebte ein Dutzend Kinder in meinem Alter. Und in den Häusern nebenan noch mehr. Wir trafen uns jeden Nachmittag auf einer großen grünen Wiese direkt hinter dem Hochhaus. Etwa tausend Quadratmeter groß und ein wahrer Luxus in einer Großstadt mit viel Grau und Beton. Diese Wiese war unsere kleine, heile Welt. Wir waren sicher vor dem Verkehr, und unsere Eltern wussten immer, wo wir waren. Auf unserer Wiese kickten wir mit dem Fußball oder spielten mit Murmeln. Manchmal bauten wir auch ganze Städte in die Erde und fuhren dann mit unseren Spielautos durch die angelegten Straßen. Ein beliebtes Spiel war auch »Partisanen gegen Deutsche«. Aber leider scheiterte es oft daran, dass alle Partisanen sein wollten und keiner Švabo. Man bezeichnete im ehemaligen Jugoslawien alle Deutschen als »Schwaben«. Wahrscheinlich wegen der Donauschwaben, einer deutschen Minderheit, die auch bei uns lebte. Manchmal lagen wir auch einfach auf der Wiese, schauten zum Himmel und erzählten uns gegenseitig Geschichten. Oder wir kletterten auf den alten Aprikosenbaum und aßen die grünen, unreifen Aprikosen, bis uns schlecht wurde.

Mein Kindergarten und später die Grundschule waren sehr nah – so nah, dass ich morgens alleine dorthin gehen konnte. Manchmal, wenn ich aus der Ganztagsschule nach Hause kam, waren meine Eltern noch nicht von der Arbeit zurück. Das war aber überhaupt kein Problem. Ich konnte an irgendeine Nachbartür klopfen, und schon saß ich mit der Familie am Küchentisch. Am häufigsten war ich bei den Lazovićs, die ihre Wohnung genau eine Etage über uns hatten. Deren Sohn Dejan war mein bester Freund. Seine Mutter Gordana war Hausfrau und immer zu Hause. Sie kochte gerne und gut, und ich mochte ihre Gerichte sehr. Allerdings war sie nicht in der Lage, nur ein Gericht aufzutischen, und auch normale Portionen waren ihr fremd. Tag für Tag landeten unglaubliche Essensmengen auf dem Tisch, so als ob die Familie permanent Gäste erwartete. In der Regel waren aber nur Dejan und ich da, und am frühen Abend dann auch Dejans Vater Dragoslav – ein Spezialist für Motorpumpen.

Die Bewohner des Hochhauses waren bunt gemischt. Alle Jugo-Nationalitäten, Religionen und jede Art von Berufen auf einem Haufen. Meine Eltern hatten Kontakt zu jedem im Haus. Die Nachbarschaft gehörte zur Familie. Man konnte wirklich um jede Uhrzeit an irgendeine Tür klopfen, um nach Aspirin, Salz oder einem Hammer zu fragen. Dorfverhältnisse mitten in der Hauptstadt.

Und dann war da noch die Insel, die mein Kindheitsdreieck vervollständigte. Eine kleine, ruhige Insel ohne Autos und Hotelanlagen mitten in Dalmatien. Dort besaß unsere Familie ein Sommerhaus aus alten dalmatinischen Steinen, das mein Opa Drago für uns gekauft hatte – allerdings mit dem Geld, das mein Vater von seinem Vater geerbt hatte. Zunächst hatten meine Eltern auf eigene Faust versucht, ein Haus an der Adria zu finden. Mehrere Sommer machten sie Urlaub in schicken Hotels auf Brač oder Hvar und suchten dabei nach einem Sommerdomizil. Nach zwei, drei solcher Sommerurlaube hatten sie fast die Hälfte des Erbes ausgegeben, aber kein passendes Sommerhaus gefunden. Entweder gefielen ihnen die angebotenen Häuser nicht oder sie waren zu teuer. Dann bot mein Opa Drago seine Hilfe an. Er hatte viel mehr Zeit als meine Eltern und würde die Küste ordentlich abklopfen. Schon wenige Wochen später meldete er sich bei meinen Eltern: »Ich habe ein Traumhaus für euch gefunden, es ist wunderschön, und der Rest des Erbes reicht sogar aus, um es zu bezahlen.«

Da mein Vater zu dieser Zeit als Journalist von einem Kongress der Blockfreien Staaten aus Sambia berichtete, fuhren meine Mutter und mein Belgrader Onkel Mihajlo nach Dalmatien, um sich das Haus anzuschauen. Mihajlo war Architekt und sollte meine Mutter beim Hauskauf beraten. Das Haus musste zwar dringend renoviert werden, wurde aber trotzdem für gut befunden und gekauft. Mein Opa hatte sich vor allem in die unfassbar schöne Aussicht von der Terrasse verliebt. Von dort konnte man das Meer und viele kleine dalmatinische Inseln beobachten, als lägen sie auf der eigenen Hand.

Als mein Vater nach seiner Afrika-Reise das erste Mal auf die Insel kam, um das gekaufte Haus zu sehen, war er schockiert. Im Erdgeschoss – heute die Küche und ein großer Wohn-Ess-Bereich – befand sich ein Stall, aus dem man bis in den Dachboden hinaufgucken konnte, weil die Bretter in den Böden fehlten. Außerdem fehlten die Anschlüsse für Wasser und Strom, und überall war Feuchtigkeit ins Haus gezogen. Eine Ruine, in die man noch viel Geld stecken musste, um sie wohnlich zu machen. Mein Vater war stinksauer und sprach drei Tage kein Wort mit Opa Drago. Er konnte nicht nachvollziehen, dass sein Schwiegervater sein komplettes Erbe in so ein Haus investiert hatte – allein wegen der schönen Aussicht.

Mit der Zeit verliebte sich aber auch mein Vater in das alte Steinhaus, die Insel und die Menschen. Und jedes Mal, wenn wir Besuch hatten, bat er ihn als Erstes nach oben in die dritte Etage. Dort, auf der Terrasse, verkündete er dann ganz stolz: »Das ist unser St. Tropez, und wegen dieser Aussicht haben wir das Haus gekauft.« Wir hatten so oft Gäste, dass ich mir diesen Spruch jeden Sommer gefühlte hundert Mal anhören musste.

Neulich habe ich mein Tagebuch aus der ersten Klasse gefunden. Damals hatten wir die Aufgabe, jeden Tag in den Sommerferien etwas aufzuschreiben. Mein Tagebuch begann immer gleich: »Heute habe ich lange geschlafen, dann war ich am Strand, und dann bekamen wir Besuch …« An die vielen Besuche erinnere ich mich noch heute. Und zwar sehr gerne. Meine Eltern hatten wirklich viele Freunde, und alle waren stets herzlich willkommen. So war es bei meinen Großeltern in Zagreb, bei meinen Eltern in Belgrad und besonders auf der Insel. Dort besuchte uns jeder, der irgendwo in der Nähe Urlaub machte oder auf dem Weg durch Dalmatien an der Insel vorbeikam. Viele blieben auch über Nacht. Ich schätze, pro Sommer waren es etwa zwanzig bis dreißig Übernachtungen. Wenn wir das mal vierzig Jahre nehmen, kommen wir locker auf eintausend Übernachtungen. Kein Wunder, dass auf einer Insel, die in erster Linie vom Tourismus lebt, viele Einheimische dachten, wir würden unser Haus auch vermieten. Als meine Mutter einem Nachbarn mal erklärte, dass das alles unsere Freunde waren, meinte der nur: »Dann seid ihr selber schuld.«

Mein Balkan

Wenn ich in meiner Jugend manchmal gerülpst, gefurzt oder mich sonst wie unartig benommen habe, sagte meine Mutter immer empört zu mir: »Du bist ein richtiger Balkaner!« Das verstand ich damals nicht so richtig – außer dass es etwas Cooles, Anarchistisches sein musste, mit dem ich meine Mutter gut ärgern konnte. Mit dem Wort »Balkanac«, oder auf Deutsch »Balkaner«, beschrieb sie alles, was ihr primitiv, unhöflich oder unzivilisiert erschien. Kein Wunder, denn sie stammt aus Kroatien, genauer gesagt aus Zagreb. Und dort furzt man nicht. Alle gehen ins Theater, essen Kaviar und sind fest davon überzeugt, dass der Balkan woanders ist. Als meinem kroatischen Opa aber einmal im Schlafzimmer ein Pups herausgeflutscht ist, wollte meine Oma sich sofort scheiden lassen. Tagelang sprach sie nicht mehr mit ihm, und als sie sich bei meiner Tante Slavenka aus Belgrad in aller Diskretion beschwerte – »Stell dir vor, mein Drago hat neulich im Schafzimmer gefurzt!« –, antwortete sie nur trocken: »Und wo bitte möchtest du, dass er furzt?«

Auch mein Vater, der in Čačak, in Zentralserbien, geboren wurde, bekam oft das Etikett Balkanac verpasst. Egal, ob er redete, nieste oder sich die Nase putzte, meine Mutter hatte immer etwas auszusetzen. Meistens sprach er recht laut, und jedes Mal, wenn sich meine Mama darüber aufregte – »Schrei bitte nicht so!« –, sagte er noch etwas lauter: »Ich schreie nicht, ich rede ganz normal!« Auch wenn er nieste, hörten es alle Nachbarn in unserem vierzehnstöckigen Hochhaus. Das laute Niesen habe ich leider von ihm geerbt. Wenn ich in Anwesenheit meiner Mutter niese, sagt sie jedoch nicht mehr: »Du bist ein richtiger Balkaner!«, sondern einfach: »Du bist wie dein Vater!«

In der Schule haben wir zwar einiges über den Balkan gelernt, aber ich hatte nie das Gefühl, diese Halbinsel hätte etwas mit mir persönlich zu tun. Meine Heimat war die Sozialistisch-föderative Republik Jugoslawien. Und diese lag, wie es der Zufall wollte, im Südosten Europas, auf einer Halbinsel namens »Balkan«. Meine Freunde und ich hatten damit wenig am Hut, genauso wenig wie mit den anderen Ländern des Balkans. Rumänien, Bulgarien und Albanien waren zwar auch sozialistisch, aber nicht so wie wir. Wir waren blockfrei, genossen Reisefreiheit, trugen Jeans, tranken Coca-Cola und hörten Rock'n'Roll. Das war schon eine andere Nummer als bei den Kollegen aus dem Warschauer Pakt. All das hatten wir diesem stolzen und klugen Partisanen namens Tito zu verdanken. Er hatte nämlich die Eier, dem mächtigen Stalin 1948 »NEIN« zu sagen. Ja, auch das hatten wir in der Schule gelernt.

Natürlich habe ich früh mitbekommen, dass der Balkan nicht gerade das beste Image in der Welt hat. Gestört hat mich das nicht, denn weder fühlte ich mich als Balkaner, noch empfand ich damals den Balkan als Heimat. Das änderte sich Stück für Stück mit dem Krieg in den Neunzigerjahren und mit meinem unfreiwilligen Umzug nach Deutschland.

Jugoslawien gab es auf einmal nicht mehr. Viele Jugos wurden über Nacht Nationalisten. Der Hass wurde zum Nationalsport. Da blieb ich lieber heimatlos. In Deutschland wollte mich damals ja auch keiner, als Flüchtling wurde ich lediglich geduldet.

Schwierige Zeiten für einen Zweiundzwanzigjährigen, der aus einer serbisch-kroatischen Ehe stammte und als Jugoslawe erzogen worden war. Um mich wieder zu finden, musste ich meine Heimatgefühle und meine Geschichte neu definieren. Das dauerte ein paar Jahre, und je länger ich in Deutschland lebte und je mehr mir die ex-jugoslawischen Nationalisten auf den Keks gingen, desto mehr distanzierte ich mich von den schlechten Eigenschaften meiner Landsleute.

Ich wollte und konnte mich nicht als Kroate deklarieren, nur weil ich in Zagreb geboren wurde und meine Mutter Kroatin ist. Auch als Serbe fühlte ich mich unwohl, obwohl mein Vater Serbe war und ich in Belgrad zur Schule gegangen war. Und ein Jugoslawe ohne Jugoslawien zu sein, erschien mir etwas schizophren. Es tat weh, aber ich musste auch einsehen, dass das Projekt Jugoslawien gescheitert war. Oder wie ein Freund es mal richtig beschrieb: »Es war eine große Idee, aber wir waren zu klein dafür.« In Erinnerungen zu schwelgen und alte Zeiten zu beschwören, war allerdings auch nicht mein Ding. Das machten die Jugo-Nostalgiker, und sie gingen mir auch gehörig auf die Nerven. Wo waren sie in den Jahren von 1988 bis 1990, als es die ersten Anzeichen gab, dass ihr Land zerfallen würde? Wo waren sie kurz vor dem Krieg, als man Jugoslawien lieben sollte? Die Jugoslawienliebe der Jugo-Nostalgiker führte zu nichts. Ich wollte nach vorne schauen, nicht in die Vergangenheit.

Und so kam völlig unerwartet wieder der Balkan in mein Leben. Diesmal nicht als geografische Koordinate, nicht als Politikum, eher als Metapher für das, was ich fortan meine Heimat nennen wollte. Mein Balkan war viel kleiner als die Balkanhalbinsel, jedoch viel größer als die Nachfolgestaaten des ehemaligen Jugoslawiens. Denn »mein Balkan« war eigentlich das Dreieck meiner Kindheit: Zagreb, Belgrad und die Insel in Dalmatien. Ich bin groß geworden mit allen Einflüssen und Eigenschaften, die diese drei Orte hatten. Mitteleuropäisch, balkanesisch-osmanisch und mediterran.

In Deutschland fühlte ich mich auf einmal wohler, wenn ich mich als »Balkanesen« (das klingt auf Deutsch schöner als »Balkaner«!) bezeichnete – und nicht als Jugoslawen, Serben, Kroaten oder etwa Serbokroaten. Ich gab nichts auf Abstammung und Landeswappen, mir lagen einfach nur die Menschen und die Kultur meiner alten Heimat am Herzen. Daher stand »Balkan« mehr und mehr für einen kulturellen Raum, der mir vertraut war.

Dass auch Albanien, Bulgarien, Rumänien und Griechenland balkanesisch ticken, wurde mir erst in Deutschland klar, als ich Menschen aus diesen Ländern kennenlernte. Ich stellte überrascht fest, wie viel wir gemeinsam haben: musikalisch und kulinarisch – aber auch in Bezug auf Sitten und Bräuchen. Diese Idee von einem Sammelsurium der Kulturen und Sprachen, das auf einer Halbinsel zwischen Orient und Okzident zu Hause ist, gefiel mir auf Anhieb.

Das schlechte Image des Balkans in Deutschland und Westeuropa war sogar noch ein zusätzlicher Reiz, mich als Balkanese fühlen zu wollen. Irgendwann ist aus dieser Trotzreaktion sogar eine »Radio-Mission« geworden: Meine Sendung bei Funkhaus Europa heißt »Balkanizer«, ich bin dieser »Balkanizer« und ich spiele dort seit vielen Jahren Balkanmusik und lasse mir von Gästen mit einer Beziehung zum Balkan ihre Balkangeschichten erzählen. Balkan, Balkan, Balkan. Alles in der Hoffnung, das schwarz-weiße Balkanbild mit ein paar grauen oder gar bunten Tönen aufzupeppen.

Klar, der Balkan und Deutschland sind zwei unterschiedliche Welten, obwohl zwischen ihnen nur einige Hundert Kilometer liegen, je nachdem, wo man die Grenze setzt. »Mein Balkan« ist jedoch nicht nur eine Region in Europa – »mein Balkan« ist ein Gefühl, das ich überallhin mitnehmen und überall spüren kann. Nach Düsseldorf, nach Peking, in eine Radiosendung, in ein Buch.

Halb-halb oder ganz?

»Gemischte Ehe« bedeutet nicht, dass die Mutter weiblich und der Vater männlich ist. Nein, wenn von »gemischter Ehe« die Rede ist, sind bi-nationale Ehen oder Partnerschaften gemeint. Ich selbst bin das Ergebnis einer solchen Liebe: Mutter Kroatin, Vater Serbe. Trotzdem würde ich mich nie als »halb-halb« bezeichnen. Das klingt für mich wie eine Hackfleisch-Bestellung in der Metzgerei: Bitte halb Rind, halb Schwein. Vielleicht ist das gut für Bolognese-Soße oder Ćevapčići. Würde ich mich selbst in zwei Hälften teilen, wüsste ich ohnehin nicht, welche kroatisch und welche serbisch wäre. Und überhaupt: Wie genau teilt man sich eigentlich in zwei Hälften? Vertikal oder horizontal?

Wenn ich behaupten würde, meine linke Körperhälfte sei kroatisch und meine rechte serbisch, hätte ich ein kroatisches Herz. Habe ich aber nicht. Mein Herz ist nur meins und genau so wenig kroatisch, wie mein Blinddarm serbisch ist. Auch beim Gitarrenspielen bekäme ich bei einer vertikalen Halb-halb-Teilung ein Problem. Während die rechte, serbische Hand ein serbisches Trinklied spielt, sabotiert die linke, kroatische Hand mit einem kroatischen Liebessong. Ähnlich kompliziert wäre es bei der Europawahl: Obwohl ich Rechtshänder bin, müsste ich meinen Kandidaten mit der linken, kroatischen Hand ankreuzen.

Meine rechte, serbische Hand wäre von der Wahl ausgeschlossen, weil sie noch nicht in der EU ist. Dafür würde sie mit Sicherheit versuchen, die linke, kroatische Hand zu beeinflussen: »Nein, mach dein Kreuz nicht hier, lieber dort!«

Eine horizontale Teilung meines Körpers in eine serbische und eine kroatische Hälfte stelle ich mir sogar noch schwieriger vor. Die natürliche Grenze läge wahrscheinlich im Gürtelbereich. Angenommen, die obere Hälfte wäre serbisch, so wären meine Beine, mein Po und mein Schwanz kroatisch. Derart zerrissen wäre ich vollkommen ungeeignet für den serbischen Kreistanz, genannt »Kolo«. Meine kroatischen Beine würden viel lieber zu einem kroatischen Rhythmus tanzen. Dies wiederum würden mein serbischer Kopf und mein serbisches Herz nie erlauben. Bei den Einreisekontrollen an Flughäfen würden sich meine kroatischen Beine sofort an der kurzen EU-Schlange anstellen, der serbische Oberkörper müsste dort warten, wo »All passports« steht.

Ein ziemlich unglückliches Konzept, dieses »Halb-halb«. Zum Glück. Denn wir sind alle ganze Menschen, egal, was für eine Mischung für unsere Existenz verantwortlich ist. Das Halb-halb-Konzept erinnert mich immer an meinen alten Freund Darko. Er ist kurz vor dem Kriegsbeginn im ehemaligen Jugoslawien zu seinem Arzt gegangen – mit einem ungewöhnlichen Anliegen: »Ich möchte, dass Sie mir Blut abnehmen!«

»Aber warum? Was haben Sie?«

»Ich will, dass Sie sich mein Blutbild anschauen und mir sagen, ob ich nun Serbe oder Kroate bin.«

»Aber Ihnen ist doch klar, dass das unmöglich ist! Und warum wollen Sie das überhaupt wissen?«

»Damit ich weiß, auf welcher Seite ich kämpfen soll!«

Daraufhin schrieb der Arzt eine Bescheinigung, in der stand, dass Darko verrückt sei und deswegen vom Militärdienst ausgeschlossen werde.

Der Halb-halb-Zustand mag ungewöhnlich sein, aber die Betroffenen, die sich irgendwann für eine Seite entscheiden, sind oft noch verrückter als Darko. So etwas ist sicher nicht im Sinne des Erfinders. Mixkinder sind doch dafür da, dass sie beide Elternteile, beide Sprachen und beide Kulturen lieben und leben. Sie haben alles doppelt. Zwei Sprachen, zwei Heimaten, zwei Kulturen, zwei Mentalitäten – und natürlich auch zwei Fußballmannschaften.

Eigentlich eine geniale Erfindung, ein bisschen so wie die Shampoo-Pflegespülung-Kombi »Wash & Go«. Trotzdem meinen viele, sie müssten entscheiden, was sie sind und zu welcher Seite sie gehören: »Man kann schließlich nicht gleichzeitig auf zwei Hochzeiten tanzen.« Ich dagegen frage mich inzwischen: Wozu brauchen wir überhaupt eine Nationalität?

Wenn wir arbeitslos sind, dann sind wir arbeitslos. Wenn wir krank sind, dann sind wir krank. Und wenn wir Hunger haben, dann haben wir Hunger. In allen drei Fällen hilft die Nationalität überhaupt nicht. Sie hilft uns sogar dann nicht, wenn wir doof sind. Oder besser gesagt: Wir sind doof, wenn wir glauben, dass uns die Nationalität in irgendeiner Weise helfen kann. Die Nationalität können wir uns genauso wie unsere Eltern nicht aussuchen. Und wenn wir das einmal begreifen, dann ist uns sehr schnell klar, dass wir gar keinen Grund haben, stolz zu sein, nur weil wir Serben, Kroaten, Deutsche oder Chinesen sind.

Sich über die Nationalität zu identifizieren, scheint mir total veraltet zu sein, auf dem Balkan ist es aber gang und gäbe. Anstatt sich über den Beruf, eine Leidenschaft, die Liebe oder ein Hobby zu identifizieren, steht für die meisten Ex-Jugos ihre Nationalität im Vordergrund. Diese Art Patriotismus mag normal und logisch für junge Staaten und Nationen sein, auf mich wirkt sie aber im besten Fall wie eine Kinderkrankheit.

Srđa Popović, ein sehr bekannter und gebildeter Dissidenten-Anwalt aus Belgrad, war einmal Gast in einem Polittalk im kroatischen Fernsehen. Nachdem er sich sehr kritisch über Gesellschaft, Politik und Medien in Serbien geäußert hatte, fragte der Moderator: »Herr Popović, was werden unsere Zuschauer über sie denken? Was sind Sie für ein Serbe, wenn Sie so negativ über Ihr Land reden?« Popović antwortete knapp und trocken: »Ich bin kein Serbe, sondern Anwalt.« Das mag für viele Zuschauer ein gelungener Gag gewesen sein. Für mich hat Popović mit dieser Aussage das Problem der Ex-Jugos auf den Punkt gebracht. Wenn jeder so denken und fühlen würde wie er, hätten Nationalismus und Hass keine Chance gehabt. Jeder würde seiner Arbeit oder Leidenschaft nachgehen, und niemand hätte Zeit oder Gründe, jemanden zu hassen. Popović ist 2013 gestorben, aber ich hoffe, dass es noch mehr Gleichgesinnte auf dem Balkan gibt, die die Nationalität für überflüssig halten.

In Deutschland gibt es aber auch Menschen, denen ihre Nationalität wichtig ist. Und das sind nicht nur die, die ihre Autos während der Fußball-WM mit deutschen Flaggen schmücken. Es gibt auch Politiker, die behaupten, die vollständige Integration eines Zuwanderers sei erst mit einem deutschen Pass erreicht. Hallo?! Was hat dieses Stück Papier mit meiner Integration zu tun? Ich kenne einige Zuwanderer mit einem deutschen Pass, die schlechtes Deutsch sprechen, keine deutschen Freunde haben und zum Teil sogar von der Sozialhilfe leben. Sind die etwa integriert?

Als ich Anfang der Neunzigerjahre als Flüchtling deutsche

Luft atmete, war ich schnell dazu bereit, meine beiden Pässe gegen einen deutschen Pass einzutauschen. Ich scherzte, ich würde sogar eine Anzeige aufgeben: »Zwei für einen! Tausche serbischen und kroatischen Pass gegen einen deutschen Pass!« Meine Tante Sonja verdarb mir den Spaß: »Auf die Anzeige meldet sich ja keiner.« Damals wollte ich den deutschen Pass natürlich aus praktischen Gründen haben. Ich wollte reisen, arbeiten, wählen, frei sein – all das, was mit meiner Duldung im Pass nicht zugelassen war. Zwei Jahrzehnte später habe ich immer noch keinen deutschen Pass, würde die Anzeige von damals aber auch gar nicht mehr aufgeben. Denn inzwischen habe ich ja einen EU-Pass, und zwar meinen alten kroatischen. Auf Seite fünf findet sich darin eine Niederlassungserlaubnis, die mir erlaubt, unbefristet in diesem schönen Land zu bleiben und ohne Auflagen und Begrenzungen zu arbeiten. Sogar Steuern darf ich zahlen. Auf Seite zehn klebt außerdem ein zehn Jahre gültiges US-Touristenvisum. Die Stadt Düsseldorf lädt mich inzwischen dazu ein, an Kommunal- und EU-Wahlen teilzunehmen. Das Einzige, was die Nation ohne mich entscheiden muss, ist, ob die Bundeskanzlerin bleibt oder geht. Wozu dann ein deutscher Pass?

Soll ich etwa zum Integrationskurs gehen und irgendwelche Sprach- und Landeskundetests ausfüllen, um eingebürgert zu werden? Dazu habe ich weder Zeit noch Lust. Integriert bin ich trotzdem, und ich lebe gerne hier. Ich habe tolle Freunde und eine schöne Arbeit, und mit meiner Band Trovači bin ich inzwischen so oft kreuz und quer durch die Republik gereist, dass ich das Land wahrscheinlich besser kenne als viele Bio-Deutsche.

Neulich aber sagte meine neunjährige Tochter Maja zu mir: »Papa, ich bin Kroatin, und ich möchte gerne einen kroatischen Pass haben.« Majas Wunsch hat mich sehr überrascht, denn weder ich noch jemand aus der Familie hat ihr jemals signalisiert, dass uns so etwas wichtig wäre. Maja wurde in Düsseldorf geboren und geht dort auch zur Schule. Ich dachte immer, sie wird sich auch deutsch fühlen, obwohl ihre Eltern ursprünglich Balkanesen sind. Aber Kinder ticken nun mal anders. Wahrscheinlich will sich Maja mit ihren Eltern identifizieren. Sie will nicht »anders« sein als wir. Sie möchte dazugehören und nicht die »Deutsche« in der Familie sein, und das, obwohl ihre Mutter und ihre Schwester ihren Pässen nach ebenfalls Deutsche sind. Natürlich kann sie es in ihrem Alter nicht nachvollziehen, wenn ich ihr sage, dass Pässe und Nationalität unwichtig seien. Wie denn auch, wenn nicht einmal viele Erwachsene das kapieren. Einmal habe ich versucht, sie zu beeinflussen: »Maja, es ist so leicht, ein Serbe, Kroate oder Deutscher zu sein, aber ein Mensch zu sein, das ist das Schwierigste überhaupt.« Maja sagte nur: »Ich bin aber ein Mensch, und meinen kroatischen Pass will ich trotzdem haben.«

Wir sind nicht viele,
dafür aber scheiße

»Er ist so süß, dass ich ihn mit Scheiße aufessen würde«, sagte meine Tante Slavenka, als sie mich als Baby das erste Mal gesehen hat. Auch meine Eltern, andere Familienmitglieder und unsere Nachbarn lobten mich fast täglich in den Himmel. »Er ist so schlau, so musikalisch, so temperamentvoll, einfach unwiderstehlich.« Wenn alle es sagen, muss es ja wohl stimmen. Irgendwann als Schulkind glaubte ich nach solchen Hymnen selbst schon ein Superman zu sein. Aber die Enttäuschung war riesengroß, als die ersten Hürden und Misserfolge des Lebens anstanden.

Ich weiß nicht, ob es eine typische Krankheit der kleinen Völker ist, aber viele Ex-Jugos, die ich kenne, sind fest davon überzeugt, dass sie so toll und schlau sind – oder zumindest die Nase immer vorn haben. Ganz egal, ob es um ein Kochrezept, die politische Entwicklung im Nahen Osten oder um die WM-Taktik einer Fußballmannschaft geht: Wir sind alle Kenner ohne Konkurrenz und haben immer und für alles eine ganz plausible Lösung.

Es mag sein, dass dieses übersteigerte Selbstbewusstsein und eine gewisse Klugscheißerei der Ex-Jugos mit den alten Komplexen zu tun haben. Wir waren ein kleines, armes Land auf dem Balkan mit einer hohen Rate von Analphabeten. Die Osmanen und K.-u.-k.-Habsburger haben uns über Jahrhunderte gefickt, bis wir im Zweiten Weltkrieg plötzlich mit den großen Mächten USA, Russland, Frankreich und England auf einer Seite im Kampf gegen den Faschismus standen – und ihn gewannen. Nach dem Krieg hat unser Kamerad Tito mit der kommunistischen Partei Jugoslawiens ein mächtiges Land zwischen Westen und Osten geschaffen, zumindest in unseren Köpfen. Wir waren die Gründer der sogenannten »Blockfreien Bewegung« mit über hundert Mitgliedsstaaten. Die Nato und der Warschauer Pakt haben uns nicht die Bohne interessiert. Wir waren einzigartig auf der Welt. So haben es uns zumindest die Lehrer in der Schule stolz erzählt. Das alte Jugoslawien war ein Paradebeispiel für Multikulturalität, Wohlstand und Freiheit. Und mit unserem roten Pass mit den sechs Fackeln darauf waren wir überall herzlich willkommen.

Im ehemaligen Jugoslawien basierte alles auf Selbstbestimmung oder Selbstverwaltung nach Karl Marx, auf der sogenannten »samoupravljanje«. Die Arbeiter hatten die Macht und haben selber regiert. Sie durften über alles, was in ihrer Fabrik und in ihrem Leben passierte, gemeinsam mit ihren Kameraden entscheiden. Das gab ihnen ein gewisses Selbstbewusstsein, funktionierte aber nur, solange die Entscheidungen der Arbeiterklasse dem größten Sohn der Nation, Josip Broz Tito, gefielen. Die Kameraden, die sich unartig benahmen oder andere Ansichten als unser lebenslänglicher Präsident hatten, wurden verwarnt oder im schlimmsten Fall nach Goli otok geschickt – eine Adriainsel, die nicht für ihre mediterrane Schönheit, sondern für ihren politischen Steinbruch bekannt ist. Ich kenne niemanden persönlich, der dort als Gefangener arbeiten musste. Ich habe nur gehört, dass es sehr schlimm gewesen sein muss. Heute kann man die Insel als Tourist besuchen und sich selbst einen Eindruck verschaffen.

Die sozialistische Ideologie Jugoslawiens, die Schule und die Erziehung der Eltern können aber nicht alleine für die selbstverliebte Art der Ex-Jugos verantwortlich sein. Ein symptomatisches Beispiel: Ein guter Freund, der als Teenager der beste jugoslawische Segler in seiner Klasse war, fragte neulich einen ausländischen Segler, der auf einer Hobby-Regatta gegen ihn antreten sollte: »Bist du etwa allergisch gegen Qualität?« Und das nur, weil der ausländische Segler kurz vor dem Start über schwere Magenkrämpfe geklagt hatte.

Doch nicht nur unsere Segler sind so furchterregend gut, dass ihre Gegner vor Angst krank werden. Auch unsere Ärzte, Kameraleute, Künstler, Piloten und Schiffskapitäne sind selbstverständlich die besten und überall in der Welt anerkannt.

Wer schmiedet solche Mythen und wofür sind sie gut? Müssen wir uns immer gegenseitig die Eier polieren, um der Realität zu entfliehen? Wieso erzählt man in Belgrad, die Stadt habe die tiefste U-Bahn Europas? Wahrscheinlich weil die Verwaltung seit dreißig Jahren an dieser U-Bahn arbeitet und die Strecke bis heute nur drei Haltestellen hat. Auch der Tempel des Heiligen Savas in der serbischen Hauptstadt sei der größte orthodoxe Tempel des Balkans oder sogar Europas oder gar der Welt, sagt man stolz. Über die hässliche Architektur des Tempels, die man als »kulturellen Kitsch« beschreiben könnte, regt sich kaum jemand auf.

In Skopje wurde auf dem zentralen Platz ein Denkmal für Alexander den Großen gebaut, das größer ist als der Platz selbst. Kosten: zehn Millionen Euro. Eine ziemlich bescheuerte Investition in einer Stadt, die seit Jahrzehnten nicht in die Abflusssysteme oder die Kanalisation investiert hat und bei jedem stärkeren

Regen unter Wasser steht. Von den Schulen, dem öffentlichen Verkehr und den Krankenhäusern ganz zu schweigen. Sie sind auf dem Stand des sozialistischen Jugoslawien. Oder wie mein mazedonischer Freund Boris sagt: »Wir sind nicht mal in der Lage, das neu zu streichen, was Tito gebaut hat.«

Immer der Erste, Größte oder Beste zu sein, das ist uns wichtig. Und wenn das aus objektiven Gründen nicht geht, dann tun wir zumindest so. Zum Glück scheint diese einzigartige Selbstverherrlichung nach dem Zerfall Jugoslawiens aber etwas abgenommen zu haben. Dafür hört man heute eher, was für ein toller und seriöser Staat das ehemalige Jugoslawien im Vergleich zu den kleinen Nachfolgestaaten gewesen sei, von denen die meisten noch in der Warteschleife für die EU stehen.

Klar, es ist schon verführerisch, sich auf dem alten Ruhm auszuruhen. Aber irgendwie ist es auch traurig und kontraproduktiv. Als das jugoslawische Märchen wie eine Seifenblase platzte, endete der Geist der Superlative in kollektivem Frust. Heute fällt es mir schwer, zu sagen, was an diesem Märchen real war und was nur unseren Träumen und Wünschen entsprungen ist. Auf einem Belgrader Gebäude mahnt aber immer noch ein Graffiti aus den Neunzigerjahren, als der Balkan sich selbst bekriegte – wie eine Ohrfeige oder ein Versuch, wachzurütteln: »Wir sind nicht viele, dafür aber scheiße.«

Das Leben ist dazu da, um Spaß zu haben

Ein Rom hat beim Angeln auf der Donau einen goldenen Fisch gefangen.

Der Fisch sagt: »Lass mich los, und ich erfülle dir drei Wünsche!«

Darauf der Rom: »Aber ich hab gar keine Wünsche.«

Der Fisch: »Wenn ich dir die drei Wünsche nicht erfülle, werde ich sterben.«

Der Rom: »Ach so, und welche Art von Wünschen kannst du erfüllen?«

Der Fisch: »Alle!«

Der Rom: »Kannst du auch dafür sorgen, dass Belgrad zu Moskau wird und Moskau zu Belgrad?«

Der Fisch: »Ja klar, kann ich! Aber was ist das denn für ein komischer Wunsch?«

Der Rom: »Meine Sache, leg los!«

Der Fisch vertauscht tatsächlich die beiden Städte: Belgrad verwandelt sich in Moskau, Moskau wird zu Belgrad.

Der Fisch: »Okay, das ist erledigt. Was ist dein zweiter Wunsch?«

Der Rom: »Kannst du jetzt bitte wieder Belgrad zu Belgrad machen und Moskau zu Moskau?«

Der Fisch: »Ja klar, auch das kann ich! Aber dann sind schon zwei deiner Wünsche weg. Wozu das Ganze?«

Der Rom: »Ach, nur Spaß, Bruder, nur Spaß.«

Dieser Witz hat keine wirkliche Pointe, bringt die Balkanart zu scherzen und die Rolle des Humors aber ziemlich genau auf den Punkt. Im Alltag machen wir vieles einfach nur aus Spaß – oder besser gesagt: um Spaß zu haben. Oft hat das überhaupt keinen tieferen Sinn, und meistens spielt die Ironie eine tragende Rolle.

Auch ich bin in dieser Hinsicht mit einem wahren Spezialisten groß geworden. Meinem Vater. Wenn mein Bruder oder ich Probleme oder einfach nur schlechte Laune hatten, sagte er oft: »Das Leben ist dazu da, um Spaß zu haben.« Wahrscheinlich wollte er damit sagen, dass man die Dinge nicht so ernst nehmen soll und mit Humor leichter durchs Leben kommt. Mein Vater setzte dieses Motto jederzeit konsequent um. Er machte immer Spaß und war jederzeit und an jeder Ecke bereit, zum Clown zu werden – einfach, um aus seinem Gegenüber ein Lächeln herauszukitzeln. Als Kinder fanden wir das meistens peinlich.

Nach einem Autounfall kam unser Vater mit einem Gipsbein auf unsere Urlaubsinsel. Als die Einheimischen ihn fragten, was denn nun mit seinem Bein passiert sei, sagte er: »Ach, nichts Schlimmes, der Maradona hat mich letzte Woche beim Training ein bisschen verletzt.« Die Maradona-Verletzung fanden auch mein Bruder und ich komisch, aber über viele andere Scherze unseres Vaters konnten wir erst im Nachhinein lachen.

Einmal fragte er einen Mann, der mit uns an einer Straßenbahn-Haltestelle in Belgrad wartete, wo er seinen Hut gekauft habe. Es war mit Abstand der hässlichste Hut, den wir je gesehen hatten – hell-pink, zu groß und aus einem komischen Filz –, und er passte auch gar nicht zu dem unbekannten Mann. Die-

ser nannte stolz das Geschäft und die Straße. Daraufhin sagte
unser Vater nur knapp: »Das merke ich mir, so einen muss ich
mir unbedingt besorgen.« Der Mann war glücklich über das
Kompliment. Meinem Bruder und mir war die Situation unan-
genehm, denn natürlich wussten wir, dass unser Vater sich niemals so einen Hut kaufen würde und den Mann einfach nur
veräppelte.

Auch als ich während der Milošević-Ära mit meinem Vater
in einer Bank war, um eine Gebühr zu bezahlen, habe ich mich
für ihn geschämt. Damals stand Serbien unter Sanktionen, und
die Regierung verlangte für jede Ausreise eine Art Gebühr, um
die leere Staatskasse zu füllen. Man musste dann bei der Ausreise die entsprechende Quittung bei der Grenzpolizei abgeben.
Die Menschen waren wütend wegen dieser Schikane, konnten
aber nichts dagegen unternehmen. Unser Vater musste damals
nach Kroatien zur Beerdigung eines Freundes. Als er dann zwei
Tage vor seiner Reise mit mir am Schalter stand, stellte ihm die
Bankangestellte ein paar Fragen, die sie wahrscheinlich auf einem Fragebogen ausfüllen musste.

Die Bankangestellte: »Wohin reisen Sie?«

Mein Vater: »Wie bitte?«

Die Bankangestellte: »Ja, wohin geht die Reise?«

Mein Vater: »Das geht Sie gar nichts an.«

Die Bankangestellte: »Mich nicht, aber ich muss das hier auf
dem Formular eintragen.«

Mein Vater: »Okay, dann schreiben Sie: nach Mauritius.«

Die Bankangestellte: »Nach Mauritius!?«

Mein Vater: »Ja!«

Die Bankangestellte: »Und wie reisen Sie dorthin?«

Mein Vater: »Zu Fuß.«

Wir wussten nie, wie mein Vater in welcher Situation reagieren würde. Er war schlagfertig, fantasievoll und intelligent – aber eben unberechenbar. Auch bei unserer Erziehung setzte er seinen Humor ein. Wenn ich als Teenager abends ausging und ihn fragte, bis wann ich zu Hause sein sollte, antwortete er immer: »Komm, wann du willst, aber sei pünktlich!« Das klang zunächst wie ein Witz, tatsächlich hat er mir durch diesen Spruch sein Vertrauen ausgedrückt und mir beigebracht, Verantwortung für mich selbst zu übernehmen. Ich kam nie zu spät und orientierte mich einfach an meinen Freunden. Auch wenn es um Taschengeld ging, reagierte mein Vater etwas unorthodox: »Ihr wisst, wo mein Portemonnaie ist, also nehmt, so viel ihr braucht!« Es war ihm klar, dass mein Bruder und ich diese Situation nie missbrauchen würden. Wahrscheinlich hätte er uns sogar viel mehr gegeben, als wir selbst uns nahmen.

Natürlich hat nicht jeder der Gags unseres Vaters gezündet. Einmal sagte er einem Schulfreund von mir am Telefon, ich sei nach Schweden umgezogen. Einfach so, ohne Grund – und ich war sauer. Als mein Bruder eines Tages mit einer schlechten Mathe-Note nach Hause kam, war wiederum unser Vater ziemlich sauer. Boris sagte dann zu ihm: »Du hast doch gesagt, dass man in erster Linie Spaß im Leben haben sollte!« – »So meinte ich das aber nicht«, antwortete unser Vater empört. Nach einer Weile machte er aber wieder wie gewohnt Witze über Boris, die Mathematik, die Schule und über das Leben.

Eine seiner Spezialitäten war es auch zu kontern. Er musste immer das Gegenteil behaupten. Mal war Montserrat Caballé für ihn die größte Sängerin aller Zeiten, mal hatte sie überhaupt keine Ahnung von Gesang. An einem Tag war Đorđe Balašević – ein Liedermacher aus Novi Sad – ein Genie und an einem anderen ein Blender und Langweiler. Das alles hing natürlich davon ab, was die Anwesenden gesagt oder gedacht haben. Unser Vater war einfach nie einverstanden. Wir wissen bis heute nicht, ob er uns und die anderen Leute veräppeln, ärgern oder testen wollte – und was er wirklich über Montserrat Caballé und Đorđe Balašević dachte.

Vielleicht doch absägen?

Mein Vater saß am liebsten an einem aus diversen Einzelteilen zusammengeklebten alten Holztisch, den wir aus China mitgebracht hatten. Das gute Stück aus der Korrespondentenzeit meiner Eltern in Peking stand direkt am Fenster unseres Wohnzimmers. Und wenn mein Vater nicht gerade einen Blick auf die Donau warf, die vor unserer Haustür Richtung Schwarzes Meer fließt, las er hier Zeitung, schaute Fernsehen oder kommentierte die Welt. Dabei zündete er sich eine Zigarette nach der anderen an und trank pausenlos Mineralwasser. Der Chinatisch war sein Stammplatz – spät nachmittags nach der Arbeit und oft bis tief in die Nacht. Manchmal kritzelte er in einen kleinen Block seine außenpolitischen Kommentare, die er am nächsten Tag im ersten Programm von Radio Belgrad präsentierte. Mein Vater hatte eine ganz besondere Beziehung zu diesem chinesischen Tisch, der in einem Schiffscontainer die halbe Welt durchkreuzt hatte, um von Peking nach Belgrad zu gelangen.

Der Einzug des Tisches in unsere erste Belgrader Wohnung hatte aber mit einem Problem begonnen. Er war zu groß. Zwar passte er durch die Haustür und ließ sich auch durchs Treppenhaus manövrieren, aber vor der Wohnungstür war Schluss. Auseinanderbauen konnten wir ihn nicht, denn er war einteilig:

volles Holz mit feinen Reliefarbeiten an den Seiten. Zum Glück hatten wir unsere Nachbarin Rada und ihren Mann Era, die wir Kinder einfach »Tante Rada« und »Onkel Era« nannten. Beide waren Ingenieure der Elektrotechnik und Dozenten an der Technischen Fakultät in Belgrad und deswegen von meinem Vater höchstpersönlich beauftragt, eine Lösung für den Tisch zu finden. Nachdem sie erfolglos alles ausgemessen und ausprobiert hatten, sagte Era: »Wir müssen ihn durchs Fenster reinholen.«

Daraufhin mein Vater: »Durchs Fenster?«

Era: »Ja, sonst haben wir keine Chance.«

Mein Vater: »Und wenn wir die Beine in der Mitte absägen und dann wieder zusammenkleben?«

Rada: »Bloß nicht, das wäre zu schade. Wie würde das denn aussehen? Guck mal, ich habe hier ein Spezialseil, mit dem wir den Tisch hochziehen können.«

Mein Vater: »In die dritte Etage? Bist du dir sicher?«

Rada: »Ja klar, warum nicht?«

Rada verknotete ein Ende des Seils mit dem fest in die Wand geschraubten Stahlregal in meinem Zimmer und hielt sich daran fest. Für einen Moment schwebten ihre hundert Kilo in der Luft – und das Seil hielt. Rada-TÜV bestanden.

Als wir den Chinatisch mühsam durchs Treppenhaus zurück nach unten getragen hatten und er wieder vor dem Haus stand, befestigte ihn unsere Nachbarin Rada mit mehreren fachkundigen Knoten am Seil. Mein Vater und ich beobachteten die Szene von einer kleinen Wiese zwischen dem Parkplatz und unserem Hochhaus aus. Dann gab Onkel Era von oben das Kommando: »Und los geht's!« Radas Plan schien zu funktionieren. Era und die anderen Nachbarn zogen, und wie in einem Zirkus löste sich der Tisch von der Erde und schwebte an dem Seil nach oben. Als der Tisch direkt unter dem Fenster unserer Wohnung schaukelte und Era schon die Hand ausstreckte, um ihn zu packen, riss das Seil. Das schöne Teil aus dem fernen Osten flog wie ein Stein nach unten und zerschmetterte direkt vor uns in ein Dutzend Teile. Mein Vater schaute Tante Rada an, zog die linke Augenbraue hoch und rief ihr zu: »Vielleicht doch die Beine absägen?«

Das Entscheidende ist,
wer am Steuer sitzt

Wenn ich heute in Belgrad zu Besuch bin, fahre ich viel mit dem Taxi herum. Das ist günstig, und man quetscht sich nicht mit Tausenden in die überfüllten Busse der öffentlichen Verkehrsbetriebe GSP. Außerdem wird mir beim Taxifahren nie langweilig, denn Belgrader Taxifahrer erzählen viel.

Bei einer dieser Taxifahrten bin ich vorne eingestiegen, habe freundlich den Fahrer gegrüßt und die Zieladresse genannt. Dann wollte ich mich anschnallen, wie es sich gehört. Plötzlich spürte ich den bohrenden Blick des Taxifahrers. Der darauf folgende Dialog wird sich so sicher niemals in einem deutschen Taxi zutragen können.

Er: »Was machst du denn da?«

Ich: »Na was wohl: Mich anschnallen!«

Er: »Mach keinen Quatsch, das bringt nur Unglück!«

In Düsseldorf wäre ich vermutlich sofort ermahnt worden, wenn ich mich nicht angeschnallt hätte. Wenn nicht vom Fahrer, dann von einem irritierenden Piepssignal des Autos. In Serbien hat man auch gegen diese Lärmbelästigung selbstverständlich eine Lösung gefunden – mit kleinen Metallattrappen, die man einfach und natürlich ohne Gurt ins Gurtschloss hineinsteckt. Diese Dinger kann man fast überall kaufen, denn angeschnallt zu fahren gilt in Belgrad als sehr ungemütlich und absolut uncool.

In Deutschland wiederum hat die Sicherheit oberste Priorität. Weil das so ist, musste ich einmal am Taxistand des Düsseldorfer Hauptbahnhofs mit meiner kleinen Tochter eine halbe Stunde in Regen und Kälte warten. Kein Taxifahrer vor Ort wollte uns ohne Kindersitz mitnehmen. Ich musste einen Wagen mit Kindersitz bei der Zentrale bestellen. Und die Herrschaften bei der Zentrale nehmen ihren Job ziemlich ernst. Ein anderes Mal, als ich mit meiner ganzen Familie zum Düsseldorfer Flughafen fahren wollte, bekam ich sogar einen kleinen Vortrag in Sachen »Sicherheit«.

Taxizentrale Düsseldorf: »Wie groß sind Ihre Kinder?«

Ich: »Neun und eineinhalb. Also die Große kann auch so fahren, aber für die Kleine bräuchten wir vielleicht einen Kindersitz.«

Taxizentrale Düsseldorf: »Das Alter spielt keine Rolle, es geht um Körpergröße und Gewicht. Ab ein Meter fünfzig und sechsunddreißig Kilo dürfen die Kinder ohne Kindersitz fahren.«

Da wir unsere Kinder nicht jeden Tag wiegen, sagte ich schnell: »Okay, dann bitte zwei Kindersitze.«

Taxizentrale Düsseldorf: »Sollte in fünfzehn Minuten kein Fahrer bei Ihnen vor der Tür stehen, rufen Sie uns bitte noch mal an.«

Ich: »Das wäre aber nicht so gut, weil wir dann unseren Flug verpassen würden.«

Taxizentrale Düsseldorf: »Das tut mir leid, aber es ist nicht so einfach, einen Wagen mit zwei Kindersitzen zu finden.«

Zehn Minuten später stand zum Glück ein Taxi vor unserer Tür. Der Taxifahrer drückte auf zwei Knöpfe, und aus der Hinterbank fuhren automatisch zwei kleine Sitzerhöhungen heraus.

Unsere große Tochter Maja konnte sich problemlos auf die erhöhte Fläche setzen und anschnallen. Für die kleine Ana hatte der Fahrer noch ein Zusatzteil, das wie ein Kissen mit zwei Beinen aussah. Dieses mussten wir vor ihrem Bauch befestigen und mit einem Gurt anschnallen. Ana hat sich weinend gewehrt, also haben Maja und ich angefangen, ein Kinderlied für sie zu singen. Und bevor sie sich überhaupt beruhigen konnte, war sie schon festgebunden wie an einen elektrischen Stuhl. Auf dem Weg zum Flughafen kam ich mit dem Taxifahrer ins Gespräch.

Ich: »Warum gibt es eigentlich immer so ein Theater mit den Kindersitzen im Taxi?«

Der Taxifahrer: »Tja, ohne Kindersitz dürfen wir keine Kinder transportieren, denn sollte was passieren, könnte es teuer werden. Deswegen haben die meisten Kollegen gar keine Kindersitze dabei.«

Ich: »Was soll denn schon passieren bei so einer kurzen Stadtfahrt?«

Der Taxifahrer: »Tja, das weiß man nie. Bei einem Unfall ohne Kindersitz übernimmt die Versicherung keinen Schaden, weil das Kind nicht ordnungsgemäß angeschnallt war.«

Ich: »In Spanien oder auf dem Balkan passieren auch Unfälle, aber dort fragt niemand nach einem Kindersitz.«

Der Taxifahrer: »Tja, mag sein, aber hier in Deutschland kostet es siebzig Euro und einen Punkt in Flensburg, und auf so was hat keiner Lust. Das Verrückte ist aber: Wenn Sie vier Kinder hätten, bräuchten Sie bei einer Taxifahrt laut Gesetz gar keine Kindersitze mehr.«

Ich: »Wie bitte? Was ist das denn für ein Quatsch?«

Fahrer: »Tja, das verstehe ich auch nicht, aber das ist so.«

Ich wollte meiner Frau direkt vorschlagen, noch schnell zwei Kinder zu machen, um nie wieder Kindersitz-Probleme zu bekommen, aber da waren wir schon am Flughafen, und ich musste bezahlen.

In Belgrad käme in der Tat kein Taxifahrer auf die Idee, nach einem Kindersitz zu fragen, egal wie alt und wie groß das Kind ist. Was soll denn da schon passieren?, denken die meisten. Das heißt aber nicht, dass das Taxifahren in Belgrad immer entspannt ist. Viele Autos fallen fast auseinander, und die meisten Fahrer rasen nach dem Motto »Der Stärkere siegt« durch die Straßen. Dabei reden sie ohne Punkt und Komma – und sind natürlich Experten für alles: Politik, Wirtschaft, Sex, Musik, Sport. Es ist meistens sehr lustig, aber manchmal auch anstrengend. Denn anders als in Deutschland gibt es auch im Taxi keine Privatsphäre. In Belgrad mit dem Taxi zu fahren, ist wie von einem Familienmitglied gefahren zu werden.

Einmal musste ich während der Fahrt auf einen Taxifahrer warten, der an einem Parkplatz mit den Worten »Ich bin gleich wieder da« angehalten und ausgestiegen war. Er holte sich in der Bäckerei sein Frühstück. Als Dankeschön fürs Warten bot er mir die Hälfte seines Bureks an. Ich musste lachen und versuchte mir vorzustellen, wie in Düsseldorf ein Taxifahrer die Fahrt unterbricht, um sich auf die Schnelle eine Bockwurst mit Pommes oder einen Döner zu holen.

Doch eine Woche später, als ich wieder in Düsseldorf war, passierte ein Wunder. Am Flughafen wartete mein Bruder auf mich. Wir sind dann in ein Taxi gestiegen und losgefahren. Ich sagte Boris in unserer Muttersprache, dass ich einen Bärenhunger habe. Daraufhin der Taxifahrer: »Wieso haben Sie das nicht gleich gesagt? Ich habe im Kofferraum noch ein leckeres Sandwich.« Der Düsseldorfer Taxifahrer war ein Bosnier. Es ist also egal, in welchem Land man ist und welche Gesetze und Sitten dort gelten: Das Entscheidende ist, wer am Steuer sitzt.

Woher stammen die
schönsten Frauen?

Wir Balkanesen übertreiben gerne. Wenn wir zum Beispiel zehn Minuten auf einen verspäteten Freund warten und er dann erscheint, sagen wir gerne: »Hey Mann, was soll das? Ich warte seit 'ner guten Stunde auf dich.« Bei einem Klavier, das wir zu viert nicht in die erste Etage tragen können, behaupten wir, es sei mindestens eine Tonne schwer. Und so weiter. Oft fehlt uns einfach eine gesunde Beziehung zur realen Welt. Das macht das Leben manchmal lustiger und bunter, aber nicht unbedingt einfacher. Dazu kommt noch ein balkanesisches Selbstbewusstsein, das meist fließend in Selbstverliebtheit übergeht: Wir sind charmant, klug, humorvoll und spielen den besten Fußball – bis die Deutschen kommen.

Und wenn es um die Frauen geht, sind sich auch alle einig: »Unsere Frauen« sind die schönsten. Doch ganz so einfach ist das nicht. Jede Region und jede Stadt fühlt sich da angesprochen und behauptet, dass ihre Frauen die allerbesten seien. Es gibt sogar alte Lieder, in denen es heißt: »Es gibt auf der ganzen Welt keine schönere Frau als die Mazedonierin«, oder: »Die Frauen aus Split sind hübscher als die aus Šibenik« – und so weiter.

Der beliebteste Mythos im ehemaligen Jugoslawien war tat-

sächlich, dass die schönsten Frauen aus Split kommen. Ein Mythos, der weit älter ist als die Geschichte der Porno-Pop-Queen
Severina Vučković, im Volksmund auch »Seve Nacionale« genannt. Die Sängerin aus Split sorgte nicht nur mit ihrer Musik
für Furore, sondern vor allem mit einem Privat-Porno, der eines
Tages »zufällig« im Internet auftauchte. Das zehnminütige Kunst-
werk, in dem Severina es auf einer Motorjacht schonungslos mit
ihrem Freund treibt, sahen innerhalb eines Tages alle Kroaten
weltweit. Das Internet in Kroatien brach zusammen. Als Severina am nächsten Tag als brave Katholikin bei der Beichte »Vater,
ich hab gesündigt« sagte, antwortete der Priester knapp: »Ja, ich
hab's gesehen.«

Mein Leben hat aber eine andere Kroatin geprägt, die weder was mit Pornos noch mit der Kirche am Hut hatte – meine
Mutter. In Belgrad, wo wir gelebt haben, gab mein Vater immer
wieder mit meiner Mama an. »Die Zagreberin ist die Frau für
alle Fälle«, wiederholte er gerne. Und in der Tat war meine Mutter, seit ich denken kann, ein erfolgreiches Allroundtalent: als
Mama, Radiojournalistin, Nachbarin und auch als Hausfrau. Immer mit viel Liebe und gewissen K.-u.-k.-Manieren. Eine eman-
zipierte Weltfrau, die aber auch das nötige Verständnis für die
Balkan-Macho-Mentalität hatte.

Dieses Frauenmodell scheint in meiner alten Heimat bis heute nicht ganz ausgestorben zu sein. Ich kenne dort einige junge
Frauen, die mit ihren Eigenschaften überzeugen. Sie sind immer für ihre Männer, ihre Kinder und ihre Familie da. Sie sind
zudem beruflich erfolgreich und glänzen durch ihr Aussehen,
ihre Gelassenheit und ihren Humor. Aber vielleicht bilde ich
mir das alles auch nur ein.

An Balkanmythen – zum Beispiel, dass wir den besten Fußball spielen – habe ich nie geglaubt. An unsere Frauen schon.

Wie ist es sonst zu erklären, dass ich auch mitten in Deutschland eine bosnische Kroatin als Lebensgefährtin gefunden habe? Sie erinnert mich weder an Severina noch an meine Mutter, doch sie ist auch irgendwie typisch balkanesisch. Sie ist warmherzig, liebevoll und sanft, doch wenn sie sauer ist, fliegen Töpfe und Schimpfwörter durch die Gegend. Ich mag dieses Balkantemperament. Man zeigt und lebt seine Gefühle. Meine Frau ist emanzipiert und berufstätig, hat trotzdem nichts dagegen, wenn ihr ein Mann die Tür aufmacht oder in den Mantel hilft. Vielleicht ist die Kombination aus alten Werten und modernen Standards das, was »unsere« Frauen ausmacht.

In den Neunzigerjahren konnte man aber leider einen neuen Trend auf dem Balkan ausmachen: die sogenannten »sponzoruše« – Frauen, die sich sponsern lassen. Sie arbeiten nicht und haben nur eine Verpflichtung: gut auszusehen. Meistens sind ihre Brüste, Popos und Lippen aufgepimpt. Nach dem Motto »So wenig wie möglich« tragen sie teure und kurvenbetonende Klamotten. Stark geschminkt ähneln sie der typischen Turbo-Folk-Tussie. Manche können mit ihrem Aussehen sogar imponieren – aber nur bis sie den Mund aufmachen. Mehr als belangloses Blabla ist nicht drin. Solche Frauen suchen sich Männer mit viel Geld und dicken Autos, die sie pausenlos beschenken. Eigentlich kommen nur Kriminelle, politische Eliten und Halbwelt-Typen infrage. Ein ehrlich arbeitender Mann kann sich eine »sponzoruša« gar nicht leisten.

Ob »unsere Frauen« tatsächlich die besten und schönsten Frauen der Welt sind, kann ich nicht beurteilen. Dazu fehlt mir die nötige Erfahrung, denn ich war der »Balkanfrau« immer treu, egal ob sie aus Serbien, Kroatien, Bosnien oder sonst woher kam. Nur einmal bin ich ihr »fremdgegangen«. Mit einer Französin. Wahrscheinlich habe ich mich damals vom französischen

»Femme fatale«-Mythos inspirieren lassen. Die Französin hat mich dann nach vier Jahren für einen Typen aus Simbabwe verlassen. Ob sie dabei auch an irgendeinen Mythos geglaubt hat, weiß ich nicht.

Unten schmeckt alles besser

»Kako je bilo dole?« oder »Wie war es unten?« sagen die Ex-Jugos gerne, wenn es um den Urlaub in der alten Heimat geht. Auch meine Radio-Gäste benutzen oft das ungewöhnliche Synonym »unten«, wenn sie vom Balkan erzählen. Anfangs musste ich immer unter dem Tisch nachgucken – bis ich verstand, was sie meinen. »Unten« steht für Kroatien, Bosnien, Serbien und all die anderen Balkanländer. Und wenn Deutschland »oben« im Norden ist, dann ist der Balkan logischerweise »unten« im Süden. Ich habe mich inzwischen an diesen merkwürdigen Begriff gewöhnt, nutze ihn selbst aber selten.

Noch etwas ist mir bei meinen Landsleuten in Deutschland aufgefallen, wenn es um »unten« geht. »Unten« gefällt ihnen vieles besser, trotzdem leben sie aber lieber »oben«. Auch wenn es um Obst, Gemüse, Fleisch oder Kaffee geht, kann Deutschland nach ihrer Ansicht nicht mit dem Balkan mithalten. »Unten« schmeckt alles besser.

Mein Freund Igor, ein gebürtiger Bosnier, ist zum Beispiel davon überzeugt, dass der Kaffeegeschmack aus Sarajevo in Deutschland nirgendwo zu finden ist. Selbst wenn er selber den sogenannten »türkischen Kaffee« zu Hause in Düsseldorf zubereitet und dabei den original importierten Mokka-Kaffee aus Bosnien benutzt, meckert er rum: »So wie in Sarajevo schmeckt der aber nicht!« Mein Bruder wiederum schimpft, dass er in Deutschland kein Obst essen könne, weil es geschmacklos sei. Im Sommerurlaub in Kroatien isst er das Obst jedoch kiloweise und schwärmt vom tollen Geschmack der Nektarinen oder Wassermelonen. Ljilja, unsere Freundin aus der Vojvodina in Serbien, meckert immer wieder über das Gemüse in Deutschland: Tomaten schmecken nach Wasser, Paprika nach gar nichts und so weiter und so fort.

Warum das so ist, frage ich mich seit Jahren. Haben wir es mit einer nostalgischen Masche meiner Landsleute zu tun, oder ist da wirklich was dran? Ist das Wasser in Sarajevo anders als in Düsseldorf, und kann Igors Kaffee deswegen hier nicht den gewünschten Originalgeschmack erreichen? Oder liegt es am Zucker, an der Milch oder am Kaffeebehälter? Ich vermute, dass bei Igor eher das fehlende Ambiente verantwortlich ist. Wenn er den Kaffee mit alten Freunden in einer kleinen Gasse in der Sarajevoer Altstadt Baščaršija trinkt, dann ist das schon eine andere Dimension als alleine in seiner Düsseldorfer Wohnung.

Aber was ist mit meinem Bruder Boris los? Braucht man eine vertraute, mit Erinnerungen geladene Umgebung, um eine Nektarine genießen zu können? Brauchen wir unsere Familie und alte Freunde um uns herum, um eine Wassermelone köstlich zu finden? Nein, ich denke, bei Obst und Gemüse kann man wirklich nicht davon ausgehen, dass das »Problem« nur nostalgisch gefärbt ist. Da »unten« gibt es auf jeden Fall viel mehr Sonne als hier »oben«, was natürlich keine schlechte Voraussetzung für Obst und Gemüse ist. Außerdem sind die Wege zwischen den Bauern und den Käufern in der Regel viel kürzer als hier. Das, was in Deutschland unter den Etiketten »Bio« oder »Aus der Region« läuft, macht in Bosnien oder Serbien fast fünfundsiebzig Prozent des Angebots aus. Und das liegt nicht an der bewussten Ernährung der dortigen Bevölkerung, sondern eher daran, dass die Industrialisierung und Logistik in der Branche noch nicht so weit ist. Was man auf dem Markt in Belgrad, Zagreb oder Sarajevo findet, kommt in der Regel von Bauern aus der Gegend. Und es kostet oft nicht mehr als die importierten Produkte in einem Supermarkt.

Ich habe im vergangenen Sommer an der Adria ganz bewusst Obst und Gemüse bei verschiedenen Verkäufern auf dem lokalen Markt gekauft. Und noch bewusster habe ich es gegessen. Und ich muss schon sagen, dass eine kroatische Tomate, obwohl sie vielleicht nicht so toll aussieht wie in der Werbung eines Supermarktes, unglaublich gut schmeckt. So köstlich, dass man sie pur essen kann. Wenn man dabei noch die Badehose anhat, die Sonne scheint und die Familie beisammen ist, erreicht der Tomatengeschmack sogar dreidimensionale Qualität. Nicht zu vergleichen mit den aus Holland importierten Treibhaustomaten in deutschen Supermärkten. Es ist also vielleicht doch eine Mischung aus Geografie, Klima und Nostalgie, die die Lebensmittel auf dem Balkan für uns Balkanesen so wertvoll macht.

Und was ist mit Ćevapčići? Die gegrillten balkanesischen Hackfleischröllchen sind hierzulande immer seltener zu finden. Und die, die man findet, schmecken einfach nicht. Nicht, dass ich mir ein Leben ohne Ćevapčići nicht vorstellen könnte, aber ich frage mich immer wieder, wie es sein kann, dass man in Deutschland selbst in einem Balkanrestaurant keine vernünftigen Ćevapčići bekommt. Die Italiener machen gute Pizzen, die Türken überzeugen mit Döner, die Araber mit Falafel, und die Japaner servieren leckeres Sushi. Hier »oben« gibt es offenbar alles Mögliche an Fastfood mit Migrationshintergrund, nur keine wirklich guten Ćevapčići.

Meine deutschen Freunde haben mir erzählt, dass Jugo-Restaurants in den Siebziger- und Achtzigerjahren ziemlich »in« waren. Damals liebten es die Deutschen, mit der ganzen Familie essen zu gehen und eine Balkanplatte mit Đuveč-Reis zu verspeisen. Die Portionen waren riesengroß, das Essen lecker und die Jugos in den Restaurants freundlich und herzlich. Doch dann kamen die italienische und spanische Küche in Mode. Außerdem achteten die Menschen zunehmend auf gesunde Ernährung und mieden allzu fette Speisen, vor allem abends. Schließlich kam noch der Balkankrieg dazu – und plötzlich gab es keine Jugo-Restaurants mehr, dafür aber serbische, kroatische und bosnische Lokale. Das Wort »Balkan« fügte den Speisen über Nacht einen negativen Beigeschmack hinzu. Und verschwand allmählich aus den Namen der Restaurants. Typische Lokale wie »Dubrovnik«, »Sarajevo« oder »Slavija« gaben sich einen neuen Namen. Und so heißen viele von Ex-Jugos betriebene Gaststätten heute »Zum Anker«, »Unter der Linde« oder »Bauernschänke«. Komischerweise ist noch niemand auf die Idee gekommen, sein Restaurant »Unten-Grill« statt »Balkan-Grill« zu nennen.

Nur bei Aldi war »Balkan« immer noch besser als »Serbien«, und so wurde aus der »serbischen Bohnensuppe« über Nacht ein »feuriger Balkaneintopf«.

Als ich nach Deutschland kam, musste ich lange nach Balkanspezialitäten suchen. Die Freude war groß, als ich die ersten Ex-Jugo-Restaurants aufspürte. Die Enttäuschung war noch größer, als ich die Ćevapčići probierte. Mit dem Geschmack, den ich von »unten« kannte, hatten sie kaum etwas gemeinsam. Inzwischen suche ich schon gar nicht mehr nach dem Originalgeschmack und habe die Hoffnung längst aufgegeben, hier in Deutschland gute Ćevapčići zu finden. Dafür tröste ich mich manchmal mit den anderen typischen Balkanspezialitäten, denn die findet man auch hier in guter Qualität: Ražnjići, Pljeskavica, Koteletts und vieles mehr. Der Grund für den Originalgeschmack-Ćevapčići-Mangel liegt womöglich im deutschen Lebensmittelgesetz. Dieses sorgt nämlich dafür, dass die Köche Hackfleisch am Tag des Einkaufs zubereiten und verkaufen müssen. Und das sind für Original-Ćevapčići leider keine guten Voraussetzungen.

Was ist überhaupt ein Original-Ćevapčić? Darüber streiten die Balkanesen fast genauso leidenschaftlich wie über die Herkunft der schönsten Balkanfrauen. Die Serben aus der Leskovac-Gegend beispielsweise behaupten, »ihre« Ćevapčići seien die besten überhaupt. Das gleiche sagen aber auch die Bosnier über die Ćevapčići aus Sarajevo oder aus Banja Luka – je nachdem, woher sie eben selbst stammen. Zubereitet werden die kleinen Hackfleischröllchen made in Balkan jedoch überall anders. Mal aus reinem Rindfleisch, mal aus Rinder-Schwein-Mix oder aus Rinder-Kalb-Mix. In manchen Gegenden benutzt man zusätzlich Knoblauch, in anderen nicht. Die Originalrezepte dieses balkanesischen Nationalgerichts, das wir übrigens von den Osmanen oder Arabern übernommen haben, sind eine Wissenschaft für sich.

In einer Sache sind sich aber viele Grill-Meister auf dem Balkan einig: Das gehackte Fleisch sollte mit Natronpulver vermischt werden und muss über Nacht stehen. Nur so bekommen die Fleischfingerchen die richtige Konsistenz und fallen nicht auseinander. Diese Vorbereitung ist neben gutem Fleisch und den richtigen Gewürzen das Geheimnis des Original-Ćevapčić. Aber wer will sich schon in Deutschland – aus Liebe zum Original – strafbar machen?

Langer Rede kurzer Sinn: Nur ein bis zwei Mal im Jahr, wenn

ich »unten« zu Besuch bin, kann ich richtig gute Ćevapčići essen. Ein hartes Los für einen Balkanesen. Denn Fleisch ist bekanntlich unser Lieblingsgemüse.

Wir singen aus Spaß!

Es war Sommer und ich war auf unserer kleinen Insel in Dalmatien. Wie jedes Jahr gönnte ich mir eine sechswöchige Auszeit: im kristallklaren Meer schwimmen, frischen Fisch essen, Sonne tanken und Zeit mit meiner Mutter und alten Freunden verbringen.

Die Tage auf der Insel sind lang. Es gibt keine Autos, für die Geräuschkulisse sind Grillen, Möwen, Wind und Meer zuständig. Im Winter leben auf der Insel nur etwa dreihundert Leute – die Hälfte in unserem Dorf und der Rest im Nachbardorf, das wir als Kinder »Feindesdorf« nannten. Die Infrastruktur in unserem Dorf ist sehr bescheiden: eine Post, eine Bäckerei, ein kleines Lebensmittelgeschäft, drei Cafés und ein Restaurant. Hotels? Keine. Mal abgesehen von dem kleinen Zehnzimmer-Hotel im Feindesdorf. Die meisten, die ihren Urlaub auf der Insel verbringen, besitzen dort, wie auch meine Familie, ein Sommerhaus. Die anderen sind privat in kleinen Apartments untergebracht. Jeder kennt jeden, und nichts bleibt geheim.

Für Kinder ist unsere Insel ein Paradies. Sobald ein Kind schwimmen gelernt hat, ist es selbstständig und kann rund um die Uhr sorglos spielen. So war es in meiner Jugend, und so ist es auch heute bei meinen Kindern.

Zwei Freunde aus meiner Kindheit leben noch immer auf der

Insel. Goran betreibt mit seiner Frau Martina eine Art Trödel-Museum-Café namens »Mirina«. Es ist im Haus seiner Urgroß-eltern untergebracht, dem ältesten Gebäude im Dorf. Dort sitzen wir abends zwischen alten Möbelstücken, Fischernetzen und Werkzeugen, trinken, erzählen und singen alte Lieder. Musik-machen und Singen hat bei uns eine lange Tradition und ist ein wichtiger Bestandteil des Alltags. Der andere Freund heißt Nikica. Er arbeitet auf dem Festland für ein Institut, das die kroatischen Wölfe beschützt.

Nikicas Aufgabe ist es, die Bauern aufzuklären und so die Wölfe vor ihren Gewehren zu schützen. Sonst erschießen die Bauern die Wölfe – aus Angst, sie würden ihre Ziegen und Schafe auffressen. Manchmal tun die Wölfe das auch, aber nicht böswillig, sie haben einfach Hunger. Am Wochenende, wenn er nicht für die Wölfe den Friedensstifter spielen muss, verkauft Nikica Kräuterschnaps, den er mit seinem Vater selbst gebrannt hat. Die gelb-grüne, fünfundvierzigprozentige Flüssigkeit namens »Travarica« mischt Nikica nach alten Geheimrezepten seines Opas, der als Schnapsbrenner zwischen den beiden Welt-kriegen in London, Brüssel und Paris diverse Preise abgeräumt hat.

Goran und Nikica sind miteinander verwandt, so wie die meisten Leute auf der Insel. Verbunden sind sie aber auch durch die Musik. Beide singen in der örtlichen Klapa. Das ist eine Art Männerchor, der traditionelle dalmatinische Lieder mehrstim-mig und a cappella interpretiert. Als Teenager hat mich diese Musik viel weniger beeindruckt als Rock'n'Roll, doch je älter ich wurde, desto näher kam sie meinem Herzen. Die dalmatini-schen Lieder wurden auch zum Soundtrack meiner Heimat. Besser gesagt: zum Soundtrack der Heimat, die ich im Sommer auf der Insel habe.

In unserem Inselchor gibt es acht Sänger. Neben Goran und Nikica sind da noch der alte Grgo – ein Rückkehrer, der über vierzig Jahre in Australien lebte –, die Gebrüder Tome und Ante sowie Antes Sohn Šime, der mit neunzehn der jüngste Sänger der Klapa ist. Nicht zu vergessen mein Nachbar Frde, der im Dorf dafür bekannt ist, dass er den größten Kopf hat, und Miš, der als zweiter Tenor den Ton angibt. Alle sind Amateure, die keine Noten lesen können und nie eine Musikschule von innen gesehen haben. Ihre Brötchen verdienen sie als Fischer, Metzger oder Elektriker. Das Singen haben sie von ihren Vätern gelernt. Sang der Papa als Bass in einem Chor, so wurde auch aus dem Sohn ein Bass – wie bei Grgo, Tome oder Goran. Frde und Nikica haben die Stimme des Baritons geerbt, und Miš, Ante und sein Sohn Šime die des Tenors. Die Stimmlagen und Lieder wurden von Generation zu Generation übertragen.

Jeden Sonntag singen sie bei der Messe in der örtlichen Kirche. Aber nicht alle. Wer aus Partisanenfamilien stammt und nicht an Gott, sondern an die kommunistische Partei und Tito glaubte, geht in der Regel nicht in die Kirche. Das sind in diesem Fall nur Goran und Frde. Die anderen singen Woche für Woche altes kirchliches Repertoire. Nach der Kirche geht es meistens weiter mit dem Gesang, und zwar in unserem kleinen Hafen. Dort geben dann auch Goran und Frde ihr Bestes. In diesen Liedern geht es dann nicht mehr um Gott, sondern um ein süßes Mädchen, Boote, Fische und die Adria.

Manchmal trifft sich der Männerchor auch abends. Dann singen sie stundenlang, man weiß aber nie, wo und wann. Eine spontane Angelegenheit, wie die meisten Sachen auf der Insel. In der Regel fängt Miš mit einem Lied an, und die anderen folgen. Ähnlich wie in der Gospel- oder Blues-Tradition in einer »Call and Response«-Form. Nach einer alten, ungeschriebenen

Regel wechseln sie nachts alle zwei Lieder ihren Standort, damit sie niemanden stören. Ich stehe oft in der Nähe, schaue hoch zum Sternenhimmel, lausche ihrem mehrstimmigen Gesang und genieße den typischen Inselduft aus Pinien, Meersalz und Lavendel. Kommerzielle Songs wie »Marijana« singt der Chor nur ganz selten, meistens sind es alte Liebeslieder, die kein Schwein kennt.

Lange gab es von diesem magischen Gesang keine Aufnahmen. Ich jedoch wollte den Sound der Insel unbedingt mit nach Deutschland nehmen. Klar hätte ich mir einen Haufen CDs professioneller Chöre kaufen können, von denen einige schon an Musik-Festivals teilgenommen hatten. Aber die waren mir zu glatt gebügelt und steril. Ganz im Gegensatz zu unserer Insel-Klapa: Die singt ohne jegliche Ambition, so als würden die Jungs essen, trinken, atmen. Manchmal ein bisschen schräg, manchmal zu laut und nicht besonders textsicher. Dafür aber authentisch, locker und charmant.

Eines Tages sagte ich zu Nikica und Goran: »Ich habe mein Aufnahmegerät mitgebracht, es ist höchste Zeit, eure Klapa aufzunehmen!«

Nikica: »Ja, das wäre schön, aber wie willst du das machen?«

Goran: »Vergiss es!«

Ich: »Lass uns einfach in die Kirche gehen, wo die Akustik gut ist, und dann nehmen wir ein paar Lieder auf. Ich brenne euch davon eine CD, und vielleicht wäre das sogar für Touristen interessant, als kleines Souvenir.«

Goran: »Du bist verrückt! Wie willst du uns alle zu einem bestimmten Zeitpunkt an einen bestimmten Ort bekommen?! Außerdem weißt du doch, dass Frde und ich mit der Kirche nichts am Hut haben.«

Ich: »Ich hab auch nichts mit der Kirche zu tun, aber sie ist akustisch der beste Raum für die Aufnahme. Stellt sie euch wie ein großes Studio vor. Mit Altar eben.«

Nikica lacht: »Aber wann und wie sollen wir denn proben?«

Ich: »Wozu proben? Ihr singt diese Lieder seit eurer Kindheit doch sowieso ständig und kennt sie auswendig.«

Nikica: »Versteh uns nicht falsch, wir finden die Idee wirklich gut. Aber du weißt, was für eine Chaos-Truppe wir sind. Wir hatten nie im Leben eine Probe, geschweige denn eine Aufnahme. Miš und Grgo scheißen sich in die Hose, wenn sie hören, dass sie aufgenommen werden.«

Goran: »Wir werden die anderen mal fragen, und dann schauen wir weiter.«

Ich: »Okay, ich bin noch vier Wochen hier und habe keine Verpflichtungen, außer Nichtstun. Sagt einfach Bescheid, wann ihr bereit seid.«

Goran (auf Deutsch): »Jawohl, Herr Produzent.«

Drei Tage lang passierte nichts. Am vierten Tag saßen wir wieder bei Goran im Café. Er sagte, der Rest der Truppe sei nicht so begeistert von meiner Idee. »Na gut, vielleicht nächstes Jahr«, antwortete ich – und war ein wenig enttäuscht.

Zwei Tage vor meiner Abreise stand im Dorf ein Fest auf dem Programm: Eine Segelregatta mit alten Holzbooten, die mit traditionellen lateinischen Segeln ausgerüstet sind. Neben dem Fest des Schutzheiligen unseres Dorfes, Sankt Roko, das am 16. August gefeiert wird, ist die Regatta das einzige große Fest, für das auch Hunderte Menschen von benachbarten Inseln und vom Festland zu uns kommen. Auf dem Platz vor der Kirche spielt dann immer eine schlechte Cover-Band, und die drei Kneipen retten die Masse vor dem Verdursten und Verhungern. Ich zog mit meinem Aufnahmegerät durch die Gegend, um ein paar Atmos für meine Radiosendung in Deutschland aufzunehmen.

59

Plötzlich sah ich unter einer Palme die Sänger sitzen. Ich stellte mich neben sie und ließ den Rekorder heimlich weiterlaufen. Als sie vier, fünf Lieder gesungen hatten, setzte ich meine Kopfhörer auf und checkte die Aufnahme. Ich war begeistert. Man hörte zwar auch Möwen, Kinder und andere Geräusche, aber die Klapa groovte. Ich setzte Nikica den Kopfhörer auf, und er konnte es nicht glauben.

»Das sind wir?«, fragte er.

»Nein, das sind die Beatles«, sagte ich.

»Hey Leute, das müsst ihr euch unbedingt anhören!«, schrie Nikica.

Der Kopfhörer machte eine zweiminütige Runde, und jeder aus dem Chor hörte drei, vier Takte des ersten aufgenommenen Liedes.

»Klingt nicht übel, mein Freund«, meinte der fünfundsiebzigjährige Bass Grgo.

»Vielleicht sollten wir doch ein paar Lieder mit Danko aufnehmen«, schlug Goran vor. Alle nickten. Zwei Tage später ging mein Rückflug nach Deutschland, also verabredeten wir uns für den nächsten Tag. In der Kirche, um achtzehn Uhr.

Der Onkel von Nikica besorgte noch schnell den Kirchenschlüssel, und dann stand unserer recording session nichts mehr im Wege. Ich steckte mein kleines Stereomikrofon auf einen provisorischen Ständer. Die Sänger positionierte ich im Halbkreis: links drei Tenöre, in der Mitte zwei Baritone, rechts drei Bässe. In vier Stunden nahmen wir etwa dreißig Lieder auf. Von dem Ergebnis war ich schwer begeistert. Durch die ideale Entfernung der Klapa zu meinem Mikrofon klang der Kirchenhall warm und natürlich. Die Sänger nutzten jede Pause, um vor der Tür einen Schluck Wein zu trinken. In der Kirche gehöre sich das nicht, meinte Miš. Ohne Wein aber seien die

Stimmbänder zu trocken, dann könne ich die Aufnahme weg-schmeißen.

Als wir fertig waren, gingen wir zum Hafen, und ich bat Rade, dem eines der Cafés gehört, mich an der Mole mit Strom zu versorgen. Ich holte von zu Hause noch schnell meinen Ghet-toblaster und schloss das Aufnahmegerät an. Natürlich wusste das ganze Dorf längst, dass die Klapa an diesem Tag die erste Ton-Aufnahme ihres Lebens hinter sich gebracht hatte, und alle waren neugierig auf das Resultat. Es war sehr still auf der Mole, als die mediterrane Open-Air-CD-Releaseparty begann. Ich ließ das erste Lied laufen. Und dann …

Frde: »Verdammte Scheiße, wir klingen wie echte Profis!«

Grgo: »Danko, wie hast du uns bloß so gut in das kleine Ding reinbekommen?«

Tome: »Ab heute singen wir gar nicht mehr live. Wer uns hören will, soll sich eine CD kaufen.«

Nikica: »Habe irgendwo gelesen, diese Rolling Stones hätten drei Jahre an ihrem neuen Album gearbeitet. Und wir haben in drei Stunden drei Alben aufgenommen.«

Ein großer Tag für das Dorf. Die Sänger hatten das erste Mal im Leben gehört, wie ihr eigener Chor überhaupt klingt. Und alle waren zufrieden. Und stolz.

In Deutschland bearbeitete ich das Material noch ein wenig, und schließlich wurden zwei CDs daraus. Mein Freund Siniša erstellte ein Cover, und ich kopierte für die Jungs jeweils hun-dert Stück. Die CDs verkauften sie dann im nächsten Sommer tatsächlich an die Touristen, zusammen mit Schnaps und Oli-venöl – alles aus eigener Produktion.

Im Winter nach der Aufnahme hörte ich mir die CDs im-mer wieder an, und so lernte ich alle Lieder auswendig. Seitdem gehöre ich mehr oder weniger auch zum Inselchor. Wenn die

Jungs mich sehen, winken sie schon: »Hey Danko, komm, sing eine Runde mit uns!«

Einmal kam der berühmte Oliver Dragojević auf unsere Insel. Ein Sänger aus Split, der seit vierzig Jahren als Pop- und Schlagerikone die Musikszene Kroatiens dominiert. Er trat schon vor ausverkauften Rängen in der Royal Albert Hall in London und in der Carnegie Hall in New York vor der kroatischen Diaspora auf. Er besuchte die Insel nicht nur, weil sie so schön ist und er bei uns ein Musikvideo drehen wollte, der eigentliche Grund war Njoko, der Bruder von Frde, der seit Jahren Bassgitarre in Olivers Band Dupini spielt. Oliver, der selbst ein passionierter Angler ist, stand auf dem Platz, wo gerade unsere Fischer mit ihrem Kutter angedockt hatten. Er sagte:

»Scheiß auf die Fischerei für Geld – ich angle nur aus Spaß!«

Frde: »Scheiß auf die Singerei für Geld – wir singen nur aus Spaß!«

Das schönste Spiel der Welt

Angeblich haben Kroaten die Krawatte erfunden. Genauer gesagt: Die Franzosen haben sich dieses Modestück von den kroatischen Soldaten abgeguckt, die im 17. Jahrhundert dem französischen König Ludwig XIV. dienten. Diese trugen nämlich krawattenähnliche Tücher um den Hals, und die Franzosen benannten sie nach den Kroaten: »Krawatte«. Auch für den ersten Fallschirm und für die Erfindung des Füllers sind offenbar die Kroaten zuständig gewesen. Die ersten Zeichnungen eines Fallschirmes fand man in den Unterlagen des kroatischen Erfinders Faust Vrančić, der im 16. Jahrhundert lebte. Den Füller – auf gut Kroatisch »penkala« genannt – haben wir einem gewissen Slavoljub Penkala zu verdanken. Der gebürtige Slowake lebte und starb in Zagreb, wo er die weltweit erste Werkstatt für Füllfederhalter und Füllstifte eröffnete. Die Zagreber Fabrik Penkala besteht bis heute unter dem Namen »TOZ Penkala«.

Ich bin immer vorsichtig, wenn es um Welterfindungen und Patente geht, die angeblich Wurzeln in meiner alten Heimat haben sollen. Schließlich weiß ich, dass wir Ex-Jugos Weltmeister im Abfeiern von Mythen sind. Nicht mal die Griechen können da mithalten.

Bei einer Erfindung glaube ich allerdings fest daran, dass sie wirklich »made in Croatia« ist. Die Rede ist von Picigin – einer

Sportart, die vor mehr als hundert Jahren in Split geboren wurde. Der Legende nach brachten im Jahr 1908 kroatische Studenten aus Prag einen Wasserball mit nach Split. Da das Meer vor dem bekanntesten Stadtstrand »Bačvice« sehr flach war und man überall stehen konnte, war kein vernünftiges Wasserballspiel möglich. Das Spiel mit dem Ball im flachen Wasser wurde modifiziert – und man nannte es »Picigin«. Woher dieser Name genau stammt, weiß keiner so richtig. Vermutlich wurde er vom italienischen Wort »pizzicato« abgeleitet, das auch in der klassischen Musik seit Jahrhunderten gebräuchlich ist. So nennt man es, wenn ein Streicher sein Instrument nicht mit einem Bogen streicht, sondern mit dem Finger die Saiten zupft.

Und etwas Zupfendes, Hüpfendes hat Picigin auch. Man spielt es meistens zu fünft im Meer, dort, wo das Wasser nur zehn bis zwanzig Zentimeter tief ist. Idealerweise sollte der Meeresboden aus Sand bestehen, das sorgt für die schnelle Beweglichkeit der Spieler, die im Kreis stehen und sich den Ball mit der Handfläche zuschlagen. Die optimale Ballgröße für Picigin entspricht einem Tennisball. In Dalmatien nennt man den Ball einfach »balun«. Kleine Plastik- oder Gummibälle dieser Größe kann man an der Adriaküste an jeder Ecke kaufen. Die Profispieler und diejenigen, die behaupten, sie würden etwas von der Picigin-Philosophie verstehen, basteln ihre Bälle aber selbst – und zwar aus einem Tennisball. Anleitungen dafür kursieren viele, die gängige ist folgende: Man nehme einen Tennisball, keinen neuen, sondern einen mit Tennis-Erfahrung, und ziehe mit einem scharfen Messer vorsichtig die Filzschicht ab. Dann muss man die Klebereste noch entfernen und den Gummiball mit Schmirgelpapier dünner schleifen, damit der Ball gleichmäßig die optimale Stärke von 1,5 Millimetern bekommt. Mit zwei Tagen Arbeit muss man schon rechnen, wenn man einen Profi-

Picigin-Balun haben will. Leider muss man die Prozedur jedes Jahr wiederholen, denn meistens hält so ein Ball nur eine Saison.

Die Picigin-Meister aus Split spielen bei jedem Wetter und zu jeder Jahreszeit. Traditionell auch am Silvesterabend, wenn manchmal sogar Schnee am Strand liegt. Der Kultstrand »Bačvice« ist inzwischen eigens mit Flutlicht ausgerüstet worden, damit Picigin bei Bedarf auch nachts gespielt werden kann.

Das Schöne am Picigin ist: Es gibt keine Regeln. Das Einzige, was zählt, ist, dass der Ball möglichst lange in der Luft bleibt. Und dafür tun die Spieler einfach alles. Sie rennen hin und her, springen, machen Paraden und laufen dem Ball auch auf dem Strand hinterher. Dabei treffen sie den Ball vorzugsweise mit der flachen Hand. Wie die Beidfüßigen im Fußball haben im Picigin die Beidhändigen einen Wettbewerbsvorteil. Doch nicht nur das: Auch Kopf, Schulter oder Fuß dürfen eingesetzt werden, um den Ball vor dem Fall ins Meer zu retten. Das Alter und Geschlecht der Spieler spielen keine Rolle. Picigin ist wahrscheinlich auch die einzige Sportart ohne Sieger und Verlierer. Alle spielen nur aus Spaß. Und deswegen mag auch ich diesen Sport.

Das Picigin-Spiel hat meine Kindheit geprägt, denn meine Clique auf »unserer Insel« spielte jeden Tag, vormittags und nachmittags. Meistens in Vala, einer Bucht, die gegen den Südwind »Jugo« geschützt ist. Wir spielten stundenlang, bis unsere Lippen blau und die Haut unserer Hände verschrumpelt waren. Danach waren wir jedes Mal so hungrig, dass wir zu Hause am liebsten einen Bullen zum Essen bestellt hätten. Silvio und Zoki – die beiden Größten in der Clique – waren die sogenannten »Ankerspieler«, die meistens fest an ihrem Platz standen und die anderen mit Bällen versorgten. Hrvoje, Ivan, Sandi und ich waren als Springer im Meer und auf dem Strand unterwegs. Der Ball blieb immer über mehrere Minuten in der Luft, und unser Ziel war, ihn trocken zu spielen. Was uns ein paarmal auch gelungen ist.

Die große Kunst dieses Spieles ist aber nicht, so lange mit dem Ball zu hantieren, bis der Arzt kommt. Nein, nach kurzem »Warm-up«, das aus leichteren Bällen besteht, fängt man irgendwann ohne Ankündigung an zu »kochen«. Mit »kochen« sind schwierige und unvorhersehbare Bälle gemeint, die einen Spieler bis an seine Grenzen bringen. Dabei spielt auch die Leichtigkeit und Schönheit des Spiels eine Rolle. Bei den seit 2005 in Split ausgetragenen Weltmeisterschaften wird all das nach einem Punktesystem gewertet. Es zählen sowohl der Schwierigkeitsgrad als auch der künstlerische Eindruck. Und soweit ich weiß, gewinnt am Ende immer eine Mannschaft aus Split.

Nema problema

Egal ob man ein Faible für Fremdsprachen hat oder nicht: Uns allen fallen ein paar Wörter in der Sprache des Landes ein, in dem wir gerne Urlaub machen. Lustigerweise ist international das meistverbreitete Wort oder besser gesagt der meistverbreitete Satz aus meiner Muttersprache: »Nema problema.« Auf Deutsch: »Kein Problem.« Ausgerechnet dort, wo es immer und viele Probleme gibt, sagen alle pausenlos: »Nema problema.«

Ich weiß nicht, ob diese Redewendung ein Erbe des Sozialismus ist, in jedem Fall ist sie auf dem Balkan eine Art universelles Beruhigungsmittel.

»Können wir uns darauf verlassen?«

»Nema problema.«

»Kommen Sie sicher?«

»Nema problema.«

»Und was machen wir jetzt?«

»Ma nema problema.«

Die magische Wortkombination suggeriert, dass wir immer und für jedes Problem eine Lösung finden werden. Und wenn nicht? Nema problema, es wird schon. Tatsächlich sind wir jedoch eher Experten darin, aus einer Lösung ein Problem zu machen.

Wenn ich »nema problema« höre, bin ich sofort beunruhigt, denn dann muss ich an unseren Inselhandwerker Mario denken.

Der Mann ist bekannt für seine schlampige und fachungerechte Arbeit. Doch leider ist er meistens der Einzige, der die passenden Maschinen und das Werkzeug hat. Deswegen hat er, was die Bauarbeiten auf der Insel angeht, quasi ein Monopol. Bei einem Freund hat er es geschafft, die Toilette mit der neuen Kanalisationsgrube so zu verbinden, dass die braune Flut in der Grube des Nachbarn landete. Und das, obwohl der Nachbar in einem Haus lebte, das höher lag als das meines Freundes, und der Röhrenweg von der Toilette bis zu der Grube nur einen halben Meter lang war. Im »Falschmachen« ist Mario ein Genie. Da ihn meine Mutter aus irgendeinem unerklärlichen Grund sympathisch fand und sie der Ansicht war, dass es zu kompliziert und außerdem unfair wäre, die Handwerker vom Festland zu holen, hat Mario auch schon einiges an unserem Haus vermasselt. Dabei blieb er ganz locker und nett und wiederholte immerzu das Balkanmantra: »Nema problema, nema problema, nema ...«

Einmal hat er sogar mit uns gesungen, während seine Handwerker an unserer Terrasse eine Wand sanierten. Als wäre es ganz normal, setzte er sich zu Boris, Mića und mir ins Esszimmer und stimmte in ein dalmatinisches Lied ein. Mića war ein Profi im Klapa-Gesang und wollte Boris und mir ein paar Tricks beibringen. Plötzlich sang neben ihm auch unser Handwerker Mario, und zwar voll daneben. Auch das war kein Problem für ihn. Nema problema.

Als Mario einmal die zwanzig Euro für eine Flüssigkeit, mit der man Holz vor Holzwürmern schützt, sparen wollte, nisteten sich die kleinen Monster schon nach einem Jahr in mehreren Balken unseres nagelneuen Dachs ein. Marios Reaktion auf die Reklamation meiner Mutter: Nema problema – und dann versuchte er die Würmer drei Sommer hintereinander mit einer großen Giftspritze zu bekämpfen. Die ungeliebten Untermieter fühlten sich offenbar trotzdem ziemlich wohl bei uns und zogen erst aus, als wir das Dach komplett neu machen ließen, diesmal ohne Mario.

Für die neue Dachkonstruktion beauftragte ich meinen Freund Zoran, der auf der Insel ein Restaurant und eine kleine Baufirma hat. Zunächst war ich sehr erfreut, dass Zoran in der Kommunikation weitgehend auf »nema problema« verzichtete. Dafür haben sich die vereinbarten Arbeiten um ein Jahr verlängert. Als wir im Sommer mit der ganzen Sippe auf der Insel ankamen, war nichts von dem, was wir ein Jahr zuvor besprochen hatten, fertig geworden. Am dritten Tag schickte Zoran immerhin zwei seiner Leute, um den lecken Spülkasten in der Toilette auszutauschen. Das komplette Dach, inklusive Marios Würmer, waren das ganze zurückliegende Jahr über unberührt geblieben.

Dann rief mich Zoran an:

»Bist du sauer?«

»Nein, aber am liebsten würde ich dir eins auf die Nase hauen!«

»Sorry, Danko, bei mir herrschte Ausnahmezustand. Hab mir ein altes Transportboot gekauft und wollte mich damit für die Insel-Müllabfuhr bewerben. Die Handwerker, die das Boot in einer Werft auf dem Festland sanieren sollten, haben sich aber nicht an die vereinbarte Frist gehalten. Der verrückte Chef der Werft hat mein Boot einfach ins Meer geworfen, und dann ist es gesunken, und ich musste mit der ganzen Mannschaft hin, um das Boot zu retten. Das hat mich viel Geld, Nerven und vor allem Zeit gekostet. Da musste dein Haus leider warten. Aber wir erledigen alles wie vereinbart im Herbst. Versprochen! Entschuldige noch mal.«

»Okay, machen wir so.«

Was konnte ich diesem Hobbymusiker und Plattensammler, mit dem mich eine langjährige Freundschaft verbindet, auch

anderes antworten? Immer noch besser als Marios »Nema problema«-Entschuldigungen. Als dann – nicht im Herbst, sondern
im Frühling – endlich das neue Dach auf unserem Haus stand,
konnte man von innen die bezaubernden Balken und Bretter
des Daches nicht mehr sehen. Das war aber der Originallook
und das spezielle Merkmal des Dachbodens – und für mich das
Schönste an unserem Haus. Ich war geschockt.

»Wo sind die Balken geblieben?«

»Die sind unter der Thermoisolierung, die kann man nicht
mehr sehen. Diese OSB-Platten, die wir an den Balken befes-
tigt haben, können wir aber gerne verputzen und weiß streichen,
wenn du sie nicht schön findest.«

»Was für eine Thermoisolierung? Wir haben vereinbart, dass
ihr einfach die Balken und Bretter erneuert, damit wir die Würmer los sind, und dann von außen die alten Dachpfannen wieder draufpackt.«

»Ja, aber deine Mutter meinte zu mir, ihr werdet wegen dem
Nachwuchs bei dir und deinem Bruder das Dachgeschoss in
Zukunft viel mehr nutzen. Und das ist ohne Thermoisolierung
keine gute Idee. Im Sommer würdet ihr oben schwitzen wie in
der Sauna, und im Winter würdet ihr frieren.«

»Im Winter? Du weißt genau, dass wir im Winter nie hier
sind, und im Sommer kamen wir mit dem alten Dach auch gut
ohne Thermoisolierung klar. Guck mal, wie hässlich der Raum
jetzt ohne Balken aussieht!«

»Wie du willst, Danko. Aber lass uns die OSB-Platten doch
trotzdem schön weiß streichen, und dann sagst du uns, ob du
wirklich die alten Balken wiederhaben willst oder nicht. Und
wenn du möchtest, bauen wir alles wieder ab, okay?«

»Okay.«

Mit Freunden ist es also noch komplizierter als mit Mario,

dachte ich. Sie treffen für uns Entscheidungen und behaupten später, sie wollten uns doch nur etwas Gutes tun.

Ich werde auch nie vergessen, wie mein Kindheitsfreund Goran eine Schlafzimmertür in Adriablau gestrichen hat. Einfach so. Ich hatte ihn lediglich darum gebeten, im Winter ein paar Holzarbeiten zu machen: die alten Holztreppen und Geländer neu lackieren, die Gartenmöbel mit Lack auffrischen. Das hat Goran nicht nur superschön, sondern auch pünktlich bis zum nächsten Sommer erledigt. Nur eine Tür im Haus war plötzlich blau. Adriablau! Als ich ihn fragte, wieso und weshalb, sagte er: »Ich hatte noch etwas von dieser schönen blauen Farbe übrig, und die Tür sah ziemlich alt und scheiße aus, und in dem Zimmer hat doch immer dein Bruder Boris geschlafen, und er hat doch vor Kurzem einen Sohn bekommen. Extra für den kleinen Viktor habe ich die Tür neu angestrichen!«

Ich wusste erst nicht, was ich dazu sagen sollte. Tief im Inneren war mir aber längst klar, dass ich in Zukunft nur noch Handwerker aus Deutschland für die Arbeiten in unserem Sommerhaus beauftragen würde. Das wäre inklusive Fahrtkosten und Verpflegung natürlich viel teurer, aber vermutlich deutlich nervenschonender. Mario wollte ich nie wieder mit seiner Giftspritze in unserem Haus sehen, und mit meinen Freunden Zoran und Goran wollte ich nur noch alte Lieder singen und Fisch essen. Dann fiel mir ein, dass es angesichts der adriablauen Tür eigentlich nur eine Antwort gab: Nema problema.

BoatRent by Dado

»Deutsche Pünktlichkeit und Zuverlässigkeit, gepaart mit mediterraner Gelassenheit und Humor« – klingt nach einer idealen Symbiose, aber gibt es das wirklich? Entdeckt hatte ich den Slogan, als ich in Kroatien ein Motorboot mieten wollte und zufällig auf einer »Rent a boat«-Homepage im Internet gelandet war. Ich wusste sofort: Den Urheber dieser Zeilen würde ich gern mal kennenlernen.

Für Boote habe ich mich schon immer interessiert. Nach der Musik war das Segeln meine zweitgrößte Leidenschaft. Bevor ich Vater wurde, war ich regelmäßig segeln – alleine, mit meiner Frau oder mit Freunden. Meistens segelten wir von »unserer Adriainsel« Richtung Süden, wo das Meer noch blauer und tiefer ist und die Pinien noch intensiver riechen: nach Hvar, Vis, Biševo ... Ich liebte diesen motorlosen Sound aus Wind, Wellen und Möwen und auch, wie man durch das richtige Trimmen der Segel ein oder zwei Knoten mehr aus dem Boot rausholt. Meine Frau hat sich dagegen mehr für das Sonnenbaden an Deck und für das Schwimmen in irgendeiner einsamen Bucht interessiert. Das Segeln hat sie aber nicht gestört, solange ich alles unter Kontrolle hatte.

Als unsere erste Tochter auf die Welt kam, war erst mal Schluss damit. Mit einem Baby oder Kleinkind zu segeln, das war nichts für meine Frau. Zu gefährlich und zu ungemütlich. Um auf die Bootsausflüge nicht ganz verzichten zu müssen, gab es nur eine Lösung: auf schnelle Motorboote umsteigen. Das wäre zwar geräuschintensiver und weniger umweltfreundlich, aber mit einem Kleinkind einfach praktischer. Außerdem würde ich mit einem Motorboot auch jederzeit alleine manövrieren können. Wir würden auf dem Boot weder schlafen noch kochen, sondern einfach von A nach B flitzen, baden, sonnen und wieder zurück zur Basis auf der Insel gleiten.

Da ich ein Motorboot zwar fahren konnte, mich aber darüber hinaus nicht besonders gut auskannte, ging ich auf dem Festland in eine große Marina, um zu schauen, was man dort alles chartern kann. Alle verfügbaren Boote waren entweder zu groß für unseren Bedarf oder einfach zu teuer. Dann sah ich ein Fünfmeter-Sportboot des slowenischen Herstellers Elan, mit einem 50-PS-Außenborder. Auf der Mittelkonsole stand ganz dezent eine Telefonnummer und der Name einer Homepage mit dem Hinweis »BoatRent by Dado«. Da machte es klick. Das war doch der Mann mit dem nicht ganz so dezenten Slogan, den ich sowieso kennenlernen wollte. Ich rief sofort an.

»Halo« – so meldet man sich »unten«, in meiner alten Heimat üblicherweise am Telefon. Man geht davon aus, dass der Anrufer sowieso weiß, wen er angerufen hat, also verzichtet man darauf, seinen Namen zu nennen.

»Guten Tag! Ich suche ein kleines Sportboot für Tagesausflüge und hab hier auf dem kleinen Elan Ihre Nummer gesehen.«

»Ja, hier sind Sie richtig. Das ist ein kleines, aber feines Boot für große Momente. Sehr stabil auf dem Meer für seine Größe. Das Boot ist, wie Sie gesehen haben, mit einem Bimini-Sonnendach ausgerüstet, mit dem Sie auch bei jedem Wetter und in jeder Geschwindigkeit fahren können. Und der Schatten kann ein großer Vorteil sein, vor allem wenn Sie kleine Kinder an Bord haben. Dazu ein sehr sparsamer Motor, bei dem Sie vergessen werden, wann Sie das letzte Mal getankt haben, und last but not least eine Dusche im Heck mit fünfzig Liter Süßwasser.« Das alles sagte eine freundliche und ruhige Stimme, als hätte sie alle Zeit der Welt. Gleichzeitig klang die Stimme aber auch nicht aufdringlich oder so, als wäre es ihm lebenswichtig, dass ich sein Boot miete. Als mir Dado dann auch noch einen guten Wochenpreis machte, sagte ich spontan zu.

Wir hatten eine schöne Woche zu dritt auf dem kleinen Flitzer und besuchten Tag für Tag eine neue Bucht und einen neuen »Privatstrand«. Unsere Tochter mochte die schnellen Fahrten und das geräumige Sonnendeck aus Polsterkissen, wo wir nach dem Schwimmen zu dritt in der Sonne faulenzten und Obst aßen. Das Segeln haben wir kaum vermisst, daher beschlossen wir, auch im nächsten Sommer ein Boot bei Dado zu mieten.

Unsere Tochter wurde größer, Dados Boote wuchsen mit. Er hatte neben diversen Motorbooten auch ein Zehnmeter-Segelboot, mit dem ich ab und zu lossegelte – alleine, ohne Familie. Dado konnte mir Jahr für Jahr alle Wünsche erfüllen, und aus unserer »Geschäftsbeziehung« wurde langsam eine Freundschaft. Im Sommer trafen wir uns in Dalmatien, und im Winter kam er nach Düsseldorf zur Boots-Messe. Wobei: Eigentlich freute er sich viel mehr auf Dönerkebap beim Türken um die Ecke und auf Käsekuchen bei Tchibo als auf die Messe. So was gab es in Kroatien nicht. Mit der Zeit verstand ich auch, dass der Spruch auf seiner Homepage nicht bloß ein Werbeslogan war. »Deutsche Pünktlichkeit und Zuverlässigkeit, gepaart mit mediterraner Gelassenheit und Humor« – das war tatsächlich die perfekte Beschreibung für Dado.

Seine Mutter, die Germanistik und Literaturwissenschaften studiert hatte, war in den Siebziger- und Achtzigerjahren in der Touristikbranche tätig und für die deutschen Touristen zuständig. Im Sommer war sie an der Adria, im Winter arbeitete sie in Deutschland. Da sie alleinerziehend war, nahm sie Dado immer wieder mit nach Deutschland. Dado ging zwischenzeitlich auch in Deutschland zur Schule und lernte sehr gut Deutsch. Er lebte später einige Jahre mit seiner Frau in Duisburg, wo er in einem kroatischen Restaurant jobbte.

Da er ein passionierter Segler war, stieg er nach dem Krieg in die Charterwelt ein. Er arbeitete für die größten kroatischen Charterfirmen und baute nebenbei auch eine eigene kleine Flotte auf.

Dados Boote waren immer in einem perfekten Zustand, mit vielen Extras: elektrisches WC, Kühlschrank, GPS und WLAN. Und anders als viele Dalmatiner, die im Tourismus arbeiten, gab Dado seinen Gästen auch das Gefühl, dass sie die Könige sind. Er sprach perfektes Deutsch und Englisch, erfüllte alle Wünsche, gab Rabatte und gute Tipps. Und das alles mit einem etwas schrägen Sinn für Humor.

Als ich das erste Mal seinen größten Gleiter mieten wollte und wir schon auf dem Deck zur Übergabe waren, sagte er todernst zu mir:

»Hey Danko, es tut mir leid, aber ich darf dir das Boot gar nicht vermieten.«

Ich guckte doof aus der Wäsche: »Wie meinst du das?«

»In deinem Bootsführerschein steht, dass du nur Boote bis 150 PS fahren darfst. Und das hier hat 225 PS.«

Ich war kurz verunsichert, aber dann fing er an zu lachen.

Einmal trank ich mit Dado einen Kaffee in unserem Stammcafé »Toni«, direkt neben der Marina, wo seine Boote liegen.

Dado erzählte mir sehr überzeugend von seinem neuen Charterkonzept.

»Pass auf, ich werde demnächst eine Vorreservierung für meine Boote anbieten, mit fünfzig Prozent Nachlass in der Hochsaison für Kunden, die dann gar nicht erscheinen.«

»Wie jetzt?«, fragte ich.

»Ja, so, wie ich es sagte. Du kannst zum Beispiel eines meiner Boote im Voraus reservieren, für eine beliebige Zeit mit fünfzig Prozent Rabatt. Wichtig ist nur, dass du dann zu Hause bleibst und gar nicht kommst.«

»Und warum würde jemand so was buchen wollen?«, fragte ich, weil ich jetzt rausbekommen wollte, wohin dieser Witz führte.

»Also das ist ganz einfach, der Kunde hätte doch die Sicherheit: Ein Boot wartet auf ihn in einer bestimmten Woche, und zwar mit fünfzig Prozent Nachlass, wenn er käme. Das gibt ihm ein gutes Gefühl. Das Beste ist aber: Er muss gar nicht kommen. So spart er fünfzig Prozent bei mir, und hundert Prozent an Reisekosten und Unterkunft.«

Und während wir uns kaputtlachten, klingelte Dados Mobiltelefon. Die Neukunden aus Österreich, die seinen großen Gleiter für zwei Wochen reserviert hatten, waren eingetroffen. Er sagte: »Verdammt, jetzt sind die doch noch gekommen. Komm kurz mit.«

Ich folgte Dado auf die Mole, wo das schicke Boot angelegt hatte. Doch er ging weiter und sprach ein Ehepaar an, das vor der Post stand. Das waren seine Kunden. Er stellte mich kurz vor, und wir gingen wieder zurück zur Mole. Plötzlich blieb Dado vor einem alten Holzboot stehen. Verglichen mit seinem Gleiter war das ein Wrack. Dado zog an der Leine und sagte zu den Gästen aus Österreich: »So, da wären wir. Das ist Ihr Boot für die nächsten zwei Wochen!« Die Österreicher wurden blass: »Wie bitte? Das ist aber nicht das Boot, das wir im Internet gesehen und reserviert haben!«

»Oh, es tut mir leid«, sagte Dado ganz ruhig, »das gewünschte Boot ist leider defekt und bis Ende des Monats in der Werkstatt. Das hier ist das, was ich auf die Schnelle für Sie organisieren konnte, aber ich könnte eventuell noch etwas am Preis drehen.« Und bevor die Gäste aus Österreich rot wurden, ließ Dado die Leine des alten Boots los, lächelte und zeigte Richtung Gleiter: »Das war nur ein Scherz. Ihr frisch geputztes Wunschboot wartet da drüben auf Sie.«

Dado arbeitet inzwischen auch als Gutachter für eine große europäische Leasingfirma für Boote. Seine kleine, auf Stammkundschaft spezialisierte Charterfirma hat er immer noch. Er ist wirklich einer der wenigen Balkanesen, die »unten« leben und den EU-Standards in jeder Hinsicht entsprechen. Dabei ist Dado nie steif, unverbindlich oder schlecht gelaunt.

Letzten Sommer ging ich eines Abends auf »unserer Insel« den Müll entsorgen. Es ist ein kleiner, fünfminütiger Spaziergang von unserem Haus bis zu der ersten Mole, wo die Müllcontainer stehen. Trotzdem dauert es manchmal mehrere Stunden, bis ich wieder zu Hause bin, weil ich immer wieder Leute treffe und mich verquatsche. An diesem Abend kam ich ganz gut voran, bis mich kurz vor der Mole eine ältere Dame ansprach, die mit einer Begleiterin auf einer Bank saß: »Entschuldigung, sind Sie Danko?«

Ich kannte sie nicht und schaute sie verwundert an: »Ja, der bin ich.«

»Kommen Sie bitte kurz zu uns«, sagte sie. »Wir wollen Sie nicht lange aufhalten oder stören.«

Ich ließ meinen Müllsack fallen und ging zu den beiden Frauen, die wahrscheinlich auf den Sonnenuntergang warteten.

»Ich bin Seka, Dados Mutter, und ich habe hier auf der Insel auch ein Haus. Dado hat mir vor zwei Jahren ein Buch geschenkt, das Sie geschrieben haben, und ich habe Sie von dem Autorenfoto wiedererkannt.«

Ich schaute Dados Mutter in die Augen, und während ich ihr die Hand schüttelte, sah ich den wohlbekannten Blick ihres Sohnes.

»Freut mich sehr, Sie kennenzulernen.«

Seka wechselte plötzlich ins Deutsche: »Ich wollte nur hören, ob Sie auch so einen Akzent haben wie ich«, sagte sie lächelnd.
»Ja«, antwortete ich automatisch in der schwierigsten Sprache der Welt, »den habe ich, auch nach mehr als zwei Jahrzehnten in Deutschland. Aber als Balkanizer wäre alles andere ja auch eher ungewöhnlich.«

»Stimmt«, sagte Seka. »Wollen Sie denn noch ein Buch schreiben?«

»Ja, ich arbeite gerade dran, und wer weiß: Vielleicht werde ich diesmal auch über Sie und Dado schreiben.«

Ich Fisch!

Es war ein gewöhnlicher Sommerabend auf der Insel. Wir saßen in Gorans Café-Museum »Mirina«, tranken Kaffee und quatschten. Wir tranken nicht wirklich Kaffee. »Kaffeetrinken« ist auf dem Balkan ein Synonym für »mit Freunden zusammensitzen und reden«. Bei uns auf dem Tisch stand Bier, Wein und Schnaps – und vor mir als einzigem antialkoholischem Verräter eine Flasche Orangina. Wir redeten gerade über die überfischte Adria, als plötzlich unser Freund Demirel reinkam. Er war blass im Gesicht, verschwitzt und trug in der linken Hand einen Kübel mit Angelzubehör.

»Hey Leute, gebt mir einen Schnaps, ich muss euch was erzählen!«

Demirel ist einer der lustigsten Menschen, die ich kenne. Groß, schlank und mit kurzen, dunklen Haaren sieht er auf seinem Boot wie ein Mast aus. Demirel ist Kunstfotograf, Musiker und Hobbykoch. Darüber hinaus ist er ein Überlebenskünstler jenseits aller Konventionen und Regeln. Seit Jahrzehnten macht er regelmäßig Urlaub auf unserer Insel, und alle kennen ihn, weil er immer scherzt und viel Quatsch erzählt. Er spielt außerdem Flügelhorn in »Kawasaki 3P«, einer bekannten und durchgeknallten Zagreber Ska-Punk-Formation. Und er geht gerne angeln, so wie an diesem Nachmittag.

Goran: »Hier hast du ein Glas, und natürlich den besten Kräuterschnaps des Mittelmeers, von der Familie Skroza.«

Demirel: »Den kann ich sehr gut gebrauchen! Wisst Ihr, was mir eben passiert ist?!?«

Hrvoje: »Du hast bestimmt wieder irgendeinen Mist gebaut!«

Demirel (trinkt die gelb-grüne, fünfundvierzigprozentige Flüssigkeit auf ex): »Ich habe eine Schwäbin geangelt.«

Goran: »Was hast du?«

Demirel: »Also, Folgendes ist passiert: Ich bin heute nach dem Essen eine Runde angeln gegangen. Ich fuhr langsam mit meinem Boot die übliche Route und zog meine Drillingshaken hinterher. Auf einmal sehe ich in der Ferne eine Frau aus einem Gummiboot winken. Ich denke: Was will die denn von mir? Und dann sehe ich, dass im Meer vor ihrem Boot jemand ziemlich ungeschickt umherschwimmt, oder besser gesagt: ertrinkt. Als ich näher komme, sehe ich einen dicken Mann, der um Hilfe ruft. Die Frau im Boot schreit ebenfalls nach Hilfe. Und ich denke: Hilfe! Was geht denn hier ab? Ich mache meinen Außenborder aus und lege seitlich an dem Gummiboot an. Da ich auf dem Boot die deutsche Flagge wehen sehe, spreche ich die Frau auf Englisch an. Sie redet aber nur irgendwas auf Deutsch und zeigt auf ihren Mann. Also werfe ich ihrem dicken Mann eine Leine zu, damit er sich zu uns herüberziehen kann. Als er sich an mein Boot klammert, sehe ich, dass er überall rot von der Sonne ist, außerdem weht eine heftige Weinfahne zu mir hoch. Ich drehe mich noch mal zu der Frau um, und dann sehe ich, dass ihr rechtes Knie blutig ist. Und nun ratet mal, was in ihrem Knie drinsteckte! Ein Angelhaken! Und zwar mein Drillingshaken!«

Hrvoje: »Ach du Scheiße!«

Goran: »Wie ist das denn passiert?«

Demirel (trinkt noch einen Kurzen): »Keine Ahnung, frag mich was Leichteres! Wahrscheinlich war die Dame auf meiner Angelroute schwimmen.«

Ich: »Und was hast du dann gemacht?«

Demirel: »Ich hab versucht ihr Knie von meinem Haken zu befreien, aber das ging nicht so einfach. Diese Dinger sind extrem scharf und haben diesen Spitzhaken, der unter die Haut geht. Dann gab sie mir ein Messer, mit dem ich in der Wunde herumhantiert habe. Und dann sagte sie plötzlich: ›Ich Fisch!‹ Wahrscheinlich wollte sie mit diesem Scherz nur etwas Entspannung in die beschissene Lage bringen. Währenddessen hing ihr Mann immer noch an der Leine und erzählte irgendwas auf Deutsch.«

Goran: »So was kann echt nur dir passieren. Und hast du den Haken rausgekriegt?«

Demirel: »Ja, Mann, hab ich. Aber die Situation war wirklich wie im Film. Ich grabe mit dem Messer in ihrem blutigen Knie, und ihr Mann hängt besoffen an der Reling. Sie reden miteinander, und ich verstehe kein Wort.«

Hrvoje: »Und wie schwer war diese Frau?«

Demirel: »Wie schwer? Keine Ahnung, vielleicht sechzig oder siebzig Kilo. Warum?«

Hrvoje: »Das ist doch ein neuer Insel-Rekord im Angeln mit Drillingshaken, oder?«

Demirel: »Ach, wisst ihr was? Vor diesem großen deutschen Fisch habe ich auch ein paar echte Adriafische gefangen, und die werde ich gleich für euch zubereiten.«

Goran: »Alles klar, solange du uns nicht die deutsche Touristin servierst.«

Hrvoje: »Wieso, was hast du denn gegen eine servierte Schwäbin?«

Demirel war immer für eine Überraschung gut. Er verschwand dann in Gorans Küche, und wir quatschten weiter. Als nach einer Stunde weder Demirel noch die Fische zu uns kamen, ging Goran in seine Küche, um die Lage zu checken. »Leute, wir können die Mahlzeit vergessen. Der Koch schläft auf der Couch in meiner Küche wie ein Baby«, sagte Goran, als er wieder zurückkam. Typisch Demirel. Er hat schon oft Freunde zum Essen eingeladen, und dann kam irgendetwas dazwischen. Einmal wurde aus einem Mittagessen ein Abendessen, weil er während des Kochens eingeschlafen war. Und ein anderes Mal ging er kurz zur Nachbarin, um ein wichtiges Gewürz auszuleihen, und kam erst am nächsten Tag zurück. Und diesmal hatte ihn eben die Aufregung mit dem deutschen Paar in Kombination mit ein paar Gläsern Travarica fertiggemacht.

Während Demirel schlief, kamen noch Boris und Nikica ins »Mirina«. Als sie die Geschichte von Demirel und dem deutschen Fisch hörten, beschlossen wir, daraus ein Lied zu komponieren. Goran holte unsere Gitarre, die immer in seiner Kneipe steht, und wir legten los. Als Demirel zwei Stunden später wieder aufwachte, überraschten wir ihn mit dem neuen Lied, mehrstimmig gesungen, auf dalmatinische Art. Wir nannten es »Ich Fisch«. Er lachte und fing endlich an zu kochen.

Das Meer im Ohr

Als Teenager habe ich im Sommer mehr Zeit im Meer verbracht als auf dem Land. Tauchen, Picigin spielen oder von der Mole ins Meer springen – all das stand täglich auf dem Programm. Oft haben wir uns auch von der Fähre ziehen lassen, während sie rückwärts unser Dorf verließ. Wir krallten uns mit den Fingern vorne am Bug fest, an die aus Stahl gegossenen Zahlen, die die maximale Beladung des Schiffes anzeigen. Das machten wir, wenn das Schiff an der Mole angelegt hatte und die Passagiere ein- und ausstiegen. Wenn die Fähre dann rückwärts losfuhr, blieben wir an den Zahlen kleben, bis wir hörten, dass der Kapitän in den Leerlauf schaltete. Das war für uns das letzte Warnsignal, loszulassen. Und bis das Schiff sich dann tatsächlich vorwärts bewegte, hatte uns die Strömung des Rückwärtsgangs schon längst in sichere Entfernung geschoben, und wir schwammen zurück zur Mole. Dann ging es von vorne los: springen, tauchen, Picigin.

Wir haben uns nie eingecremt, weil wir keine Zeit dafür hatten. Einen Sonnenbrand bekamen wir trotzdem nicht. Auch mit dem Abduschen nach dem Tag im Meer hielten wir es nicht so genau, und das Meersalz auf der Haut hat uns nie gestört. Von den üblichen Touristenkrankheiten – wie etwa Mittelohrentzündung, Sonnenstich, Erkältung oder Seeigelstacheln im Fuß –

blieben wir auch verschont. Meine Clique war gegen so etwas immun. Wir waren jung, und wir hatten Sommerferien.

Heute, drei Jahrzehnte später, komme ich mir im Sommerurlaub wie ein Opa vor. Ich muss jeden Abend duschen, weil mich das Meersalz auf der Haut stört. Auch das Eincremen ist zur Pflicht geworden, weil ich sonst rot wie ein Krebs werde. Und im letzten Sommer habe ich mir nach knapp zwei Wochen auf der Insel sogar eine Ohrenentzündung geholt. An einem Nachmittag mit den Kindern am Strand lief mir Wasser ins Ohr. Die Insulaner würden mich korrigieren: Das ist kein Wasser, sondern »das Meer«, und das ist in der Tat ein großer Unterschied, nicht nur des Salzes wegen. Normalerweise bekommt man »das Meer« aus dem Ohr durch Hüpfen auf einem Bein wieder heraus. Diesmal half das nicht: Das rechte Ohr war auch am nächsten Tag zu, und ich spürte den Druck auf der ganzen Kopfseite.

»Fahr mal rüber aufs Festland in die Ambulanz«, sagte mein Bruder, der im Vorjahr das gleiche Problem gehabt hatte. »Dort spülen sie dir das Ohr mit lauwarmem Wasser aus, und du wirst staunen, was für ein großer Ohrenschmalz-Tampon rauskommt. Danach fühlst du dich wie neu.«

Ich hatte keine Lust, bei sechsunddreißig Grad zum Festland zu fahren und dann zusammen mit einem Dutzend Touristen mit Seeigel- oder Insektenstichen im stinkigen Warteraum zu sitzen. Also ging ich erst mal runter ins Dorf, um mir ein paar Ratschläge von den Einheimischen zu holen, obwohl die nur im Notfall im Meer schwimmen.

»Leg dich mit deinem Ohr auf einen heißen Stein – das hilft«, sagte Zrinka, die mit ihrem Mann Škaro die einzige Pizzeria im Dorf betreibt.

»Oder halte eine Tischlampe in die Nähe des Ohrs«, fügte meine Nachbarin Mara hinzu, »die Wärme ist wichtig.«

»Ach Quatsch, er braucht eher Kaltumschläge aufs Ohr und vielleicht ein paar Tropfen Olivenöl«, sagte Maras Freund Dado.

»Am besten kaufst du dir diese Wachsstäbchen, die man ins Ohr steckt und anzündet. Das zieht alles raus«, sagte Škaro über eine Therapie, die sich für mich eher nach einer Folterpraxis aus dem Osmanischen Reich anhörte.

»Und wenn gar nichts hilft, dann nehmen wir Škaros Kompressor und pusten mit acht Bar da rein«, sagte Dado und grinste.

»Ich glaube, wir pusten am besten durch deinen Arsch«, korrigierte Škaro.

Meine Insulaner waren wie immer sehr bildhaft und einfallsreich. Helfen gegen den Schmerz konnten sie mir aber nicht, doch immerhin sorgten sie dafür, dass ich mein Lächeln wiederfand.

Da ich aber keine Lust auf eine Mittelohrentzündung hatte, fuhr ich am nächsten Tag doch noch mit der Fähre rüber aufs Festland, um in die Ambulanz zu gehen. Nachdem die Krankenschwester am Schalter mit Verwunderung meine deutsche Krankenkassenkarte inspiziert und sich eine Kopie davon gemacht hatte, verschwand sie durch das Wartezimmer in einem Flur. Fünf Minuten später kam sie wieder und meinte, ich solle um kurz nach elf Uhr wiederkommen, da der Arzt bis elf in der Pause sei. Herzlich willkommen auf dem Balkan!

Ich ging ein bisschen spazieren, war eine halbe Stunde später wieder da und kam dann auch relativ schnell dran. Nachdem der Arzt kurz in meine Ohren hineingeschaut hatte, spülte mir die Krankenschwester beide Ohren mit lauwarmem Wasser aus. Die angekündigten Ohrenschmalz-Tampons kamen aber nicht raus – nur Wasser. Die Krankenschwester wunderte sich. Und der junge Arzt, der einen lustigen schwarzen Schnauzbart trug und den Eindruck machte, als sei er eher ein unsicherer Praktikant, inspizierte meine Ohren erneut und verschrieb mir irgendwelche Tropfen.

»Heißt das, ich soll jetzt ein paar Tage nicht ins Meer gehen?«

»Das wäre sinnvoll«, antwortete der junge Arzt trocken.

»Und soll ich dann irgendwann zur Kontrolle wiederkommen?«

»Termine für Kontrollen vergeben wir nicht, da wir im Sommer sowieso viel zu viel zu tun haben. Wenn es aber nach vier, fünf Tagen nicht besser wird, kommen Sie wieder.«

Als ich eine Stunde später wieder auf der Insel ankam, hatten sich meine Ohrenschmerzen bereits im Dorf herumgesprochen. Ich traf Nikica und Miš, die Sänger aus dem Inselchor.

»Was ist mit deinen Ohren los, Danko?«, fragte Nikica.

»Keine Ahnung, das Meer ist reingekommen und will nicht wieder raus. Der Arzt meinte, mein rechtes Ohr sei leicht entzündet und ich solle diese Tropfen nehmen«, sagte ich und zeigte auf die Packung aus der Apotheke.

»Ach, vergiss diese Tropfen, ich hab was viel Besseres für dich«, sagte plötzlich der zweite Tenor Miš. Ich war ganz Ohr – oder besser gesagt: halb Ohr.

Miš: »Weißt du, was ein Hausbeschützer ist?«

Ich: »Meinst du diese Pflanze?«

Miš: »Genau, das ist unsere heilige Pflanze, die du hier auf der Insel überall findest. Nimm ein Blatt und presse dir davon zwei Tropfen in das kranke Ohr – und fertig. Morgen bist du gesund und kannst wieder mit uns singen.«

Ich: »Ja, aber das Ohr ist entzündet und verstopft, und wenn ich da noch mehr Zeug reinkippe, könnte es noch schlimmer werden.«

Miš: »Das glaube ich nicht, aber wenn du das nicht möchtest, dann versuche es doch mit Bioenergie.«

Ich: »Wie bitte?«

Miš: »Nimm deine linke Hand und halte sie zu Hause in fließendes Leitungswasser aus dem Hahn, und mit der rechten Hand kreist du langsam in der Nähe des kranken Ohrs. Das mache ich immer bei kleinen Rasierwunden, und sie heilen dann ganz schnell.«

Ich wollte Miš nicht beleidigen, aber beide Methoden klangen für mich ziemlich dilettantisch. Ich bedankte mich und ging nach Hause.

Als die Tropfen, die ich in der Apotheke bekommen hatte, nach zwei Tagen noch immer keine Wirkung zeigten und mich auch das linke Ohr langsam quälte, ging ich zu Djuka. Das ist die einzige Homöopathin auf der Insel. Djuka kenne ich noch aus der Kindheit und, wie der Zufall es wollte, auch aus meinen Flüchtlingstagen in Recklinghausen. Sie lebte über dreißig Jahre dort und war Angestellte in einer Bank. Sie hatte sich aber immer schon für Homöopathie interessiert und dann parallel zu ihrem Job in der Bank entsprechende Kurse belegt. Als Djuka pensioniert wurde, kehrte sie zurück nach Kroatien. Als Homöopathin. Eine kleine Wohnung in Berlin, wo ihre Tochter und ihre Enkelkinder leben, hat sie aber noch. Die meiste Zeit verbringt Djuka auf der Insel und hilft den Einheimischen mit ihrer Wundermedizin. Am Anfang waren die Insulaner sehr skeptisch und hielten Djuka für eine Außerirdische. Aber da die medizinische Versorgung auf der Insel sehr rudimentär ist und man für jede größere Untersuchung aufs Festland muss, kamen langsam die ersten Patienten zu Djuka. Nach den ersten Genesungserfolgen ließen sich immer mehr Einheimische von ihr behandeln. Es ist schon lustig, dass so eine kleine Insel mit knapp dreihundert Einwohnern und sehr geringer Infrastruktur mit einer praktizierenden Homöopathin aus Deutschland aufwarten kann.

»Ich habe gehört, du hast Ohrenschmerzen«, sagte Djuka, noch bevor ich sie begrüßen konnte.

»Hier auf der Insel bleibt auch wirklich nichts geheim. Aber leider stimmt es, ja, und leider wird es trotz der Tropfen aus der Apotheke nicht besser. Hast du was für mich?« Weil wir uns schon lange kannten, musste sie mit mir nicht die obligatorische Anamnese machen. Djuka stellte mir nur ein paar Fragen zu meinem Ohr und gab mir dann eine kleine Pille aus ihrem Medizinkoffer. Die sollte ich in einem Glas Wasser auflösen und davon nur einen Schluck trinken. Ich müsse dann schon nach ein paar Stunden eine leichte Besserung spüren.

Da ich aber ungeduldig war und mich die verstopften Ohren immer mehr quälten, probierte ich zwischendurch auch die bizarre Bioenergie-Methode von Miš aus. Schaden konnte es ja nicht. Zwei Tage später ging es mir viel besser: Die Ohren waren wieder frei, der Druck war weg. Ich hatte meine erste Krankheit seit vierzig Jahren auf der Insel überstanden und konnte endlich wieder meinen Sommerurlaub genießen. Allerdings war ich mir nicht sicher, wer mir letztendlich geholfen hatte: Djuka mit ihrer Pille? Miš mit seinem Bioenergie-Tipp? Oder doch die vom Arzt verschriebenen Tropfen? Von allem ein bisschen? Oder hatte sich mein Körper gar selbst geheilt? Egal, das Wasser – oder genauer gesagt: das Meer – war raus, und ich konnte wieder mit meinen Freunden singen und mit den Kindern ins Meer springen.

Loša organizacija

Die zierliche alte Frau sitzt im Rollstuhl. Sie hat graue Haare und trägt eine dunkle Sonnenbrille. Neben ihr steht ein Zwei-Meter-Mann, mehr als hundert Kilo schwer, lange Haare, Vollbart, ebenfalls mit dunkler Sonnenbrille. Die Urmutter eines sizilianischen Mafia-Clans und ihr Leibwächter – könnte man meinen.

Tatsächlich zeigt das alte Foto meine Oma Viktorija und meinen Onkel Helmut. Als ich es letztens beim Aufräumen entdeckte, sprudelten sofort die Erinnerungen an den Sommer 1996 hervor: Meine Oma Vika war damals zweiundachtzig, konnte nicht mehr so gut gehen und war fast blind. Seit Jahren war sie nicht mehr in unserem Sommerhaus auf der Insel gewesen, weil sie behauptete, sie würde die lange Reise nicht mehr überleben. Doch als uns Tante Sonja und Onkel Helmut mit ihren Kindern auf der Insel besuchen sollten, wollte Oma Vika plötzlich noch »ein letztes Mal« ans Meer. Sie hatte die seltsame Vorstellung, an der Adria würde sie wieder sehen können, und das Meer wäre für sie die Heilung überhaupt.

Meine Eltern hatten damals kein Auto, und meine Mutter überlegte, wie sie ihre Mama am bequemsten von Zagreb aus auf die Insel transportieren könnte. Sie engagierte Vili – einen pensionierten Offizier, der sich nach dem Krieg mit seinem komfortablen Mini-Bus auf die Strecke Zagreb-Belgrad spezialisiert hatte. Meine Mutter fuhr oft mit ihm, und aus dieser Fahrgelegenheit entwickelte sich über die Jahre eine Freundschaft. Und so holte Vili eines Morgens meine Eltern, meinen Bruder und meine Oma in Zagreb ab. Bei dieser Gelegenheit packten sie den Wagen noch schnell mit Möbeln, Lebensmitteln, Bettzeug, Tüchern und einer alten Gitarre von Boris voll. Alles, was wir in unserer Zagreber und in unserer Belgrader Wohnung nicht mehr brauchten, landete früher oder später in unserem Sommerhaus – und erst von dort aus irgendwann auf dem Sperrmüll.

Meine Oma war sehr aufgeregt und enthusiastisch. Schließlich ging sie davon aus, bald wieder sehen zu können. Da Vili am gleichen Tag wieder in Zagreb sein musste, starteten sie ziemlich früh Richtung Küste. Es waren immerhin dreihundertfünfzig Kilometer – und für Vili noch mal so viel zurück. Meine Eltern wollten die Fähre um vierzehn Uhr nehmen, die nächste fuhr erst vier Stunden später. Sie kamen um dreizehn Uhr mit genügend Pufferzeit an. Nach einer Kaffeepause luden mein Vater, Boris und Vili das ganze Zeug aus und stapelten es mitten auf der Mole, wo die Fähre wenig später anlegen würde.

Vili verabschiedete sich und machte sich auf den Weg zurück nach Zagreb, meine Mutter besorgte Fahrscheine, und mein Vater und Boris kauften noch schnell ein paar Kleinigkeiten ein. Oma Vika saß so lange mit Sommerhut und Brille auf einer der Taschen an der Mole und rauchte. Neben ihr lag die Gitarre von Boris. Sie sah aus wie eine zweiundachtzigjährige Pfadfinderin auf Exkursion. Als meine Mutter wieder bei ihr war, fragte Vika:

»Wie spät ist es?«

»Zwanzig vor zwei.«

»Und wo bleibt die Fähre?«

»Mama, es ist Hochsaison, und es gibt viele Passagiere. Du weißt, dass die Fähren immer ein bisschen Verspätung haben. Außerdem ist es noch zu früh.«

Oma Vika zog an ihrer Zigarette, nörgelte – »Loša organizacija!« – und nahm direkt noch einen Zug.

Meine Mutter wusste nicht, ob sie lachen oder weinen sollte. Sie hatte alles getan, um Oma Vika den großen Wunsch zu erfüllen, an die Adria zu reisen. Und sie spürte, dass sie danach vielleicht nie wieder eine gemeinsame Reise unternehmen würden. Und dann behauptete Oma – nur weil die Vierzehn-Uhr-Fähre um 13:40 Uhr noch nicht da war –, dass die Organisation schlecht sei.

Auf der Insel wartete Mario mit seinem Traktor. Mit meinem Vater und Boris lud er unseren Krimskrams aus Zagreb hinten auf die Ladefläche.

»Mama, willst du zu Fuß gehen oder möchtest du lieber mit Mario fahren?«, fragte meine Mutter.

»Ich fahre mit Mario.«

Unser Haus steht auf einem Hügel, etwa zweihundert Meter vom Meer entfernt. Von der Mole aus läuft man gut fünf Minuten. Mit dem Traktor dauert es genauso lang, aber man spart sich den steilen Aufstieg. Oma Vika saß majestätisch neben Mario, hatte sich mal wieder eine Zigarette angesteckt und blies den Rauch in die Adrialuft. Die Touristen schauten sie an, als käme sie von einem anderen Planeten.

Am nächsten Tag besorgte meine Mutter in der lokalen Ambulanz einen Rollstuhl. So konnte Oma Vika problemlos jeden Tag zum Strand geschoben werden. Schwimmen konnte sie nicht mehr so gut, aber sie saß gerne auf einem kleinen Kai und ließ ihre Füße im Meer baumeln. Die heilende Wirkung des

Meeres blieb aus, und als Vika nach ein paar Tagen immer noch nicht sehen konnte, war sie restlos enttäuscht und beschwerte sich bei meiner Mutter, die Reise sei umsonst gewesen. Erst als Tante Sonja und Onkel Helmut mit ihren Kindern Meret und David aus den USA anreisten, verbesserte sich ihre Stimmung ein wenig. Zum ersten Mal seit langer Zeit war die Familie mütterlicherseits wieder vereint. Tante Sonja erzählte Oma Geschichten aus der gemeinsamen Vergangenheit, und Onkel Helmut, der in seinem Kopf pausenlos die großen mathematischen Aufgaben unserer Zeit löste, erklärte sich dazu bereit, währenddessen Omas Rollstuhl zu schieben. So entstand das Mafia-Foto mit Vika und Helmut. Als einige Tage später auch ich aus Düsseldorf anreiste, löste ich den Mathematikprofessor als Rollstuhlschieber ab.

Tante Sonja war meistens melancholisch, weil sie mit ihrer Familie in New York lebte, ihre Mutter Slavenka, meine Eltern und mein Bruder Boris in Belgrad wohnten und ihr ältester Sohn, der witzigerweise auch Boris heißt, und ich in Düsseldorf. Daher waren die beiden gemeinsamen Wochen auf der Insel für unsere in der Welt zerstreute Familie sehr emotional. In dieser Besetzung waren wir sehr selten zusammen gewesen, und wir wussten genau, dass es Jahre bis zum nächsten Wiedersehen dauern würde.

In diesem Sommer 1996 spielte Kroatien im Wasserball-Finale bei den Olympischen Spielen von Atlanta gegen Spanien. Boris und ich saßen mit unserer Clique im Dachgeschoss vor dem Fernseher, Oma Vika lag in ihrem Zimmer und hörte die Übertragung im Radio. Leider reichte es für Kroatien nur für die Silbermedaille. Als das Spiel vorbei war, brachte Boris unserer Oma etwas Obst aufs Zimmer.

Vika: »Wie konnten sie nur verlieren?«

Boris: »Die Spanier waren aber wirklich besser, Oma.«

Vika: »Ach erzähl keinen Unsinn, du hast doch überhaupt keine Ahnung von Fußball!«

Ein halbes Jahr später starb Oma Vika in Belgrad. Sie wurde in ihrer Heimatstadt Zagreb beerdigt. Auf ihrer letzten Fahrt von Belgrad nach Zagreb wurde sie nicht von Vili, sondern von einem Bestattungsunternehmen befördert. Wenn sie mitbekommen hätte, dass der Wagen mit ihrem Sarg viele Stunden im Stau stand, für den keiner etwas konnte, es wäre völlig klar gewesen, was sie getan hätte. Sie hätte sich eine Zigarette angezündet und gesagt: »Loša organizacija!«

Der Bruder von Majkl Džekson

Als ich 1991 nach Deutschland kam, traf ich auf zwei Sorten von Ex-Jugos: Gastarbeiter und Flüchtlinge. Da ich vor dem Krieg geflüchtet war, fühlte ich mich der zweiten Gruppe etwas näher. Ich kam zwar nicht direkt aus einem Krisengebiet, aber die Jugoslawische Volksarmee (JNA) war scharf darauf gewesen, mich in ihren Reihen zu sehen. Gut, dass ich noch rechtzeitig abhauen konnte.

Die meisten Flüchtlinge stammten aus Bosnien-Herzegowina, und sie waren nicht wie ich prophylaktisch geflüchtet, sondern vertrieben worden – von meinen Serben und meinen Kroaten. Der Erste, den ich kennenlernte, hieß Ismail und wurde von allen Smajo genannt. Er kam aus Zenica und hatte bis zum Ausbruch des Krieges in Belgrad studiert. Dann konnte er nicht mehr zurück nach Bosnien und floh nach Deutschland. Anfangs verhielt er sich mir gegenüber etwas distanziert. Das nervte mich ein wenig, war aber auch verständlich. In Belgrad saßen jetzt die Bösen, die ihm seine Freiheit genommen hatten. Und ich kam ja aus Belgrad. Natürlich hatte Smajo aber auch viele schöne Erinnerungen an die Stadt. Und so dauerte es zum Glück nicht allzu lange, bis wir uns einander öffneten und wahre Freunde wurden. Das sind wir bis heute.

Smajo lernte schnell Deutsch und schrieb sich an der Universität in Essen ein. Er hatte auch schnell eine Menge deutscher Freunde, und anders als die meisten unserer Landsleute lebte er nicht in einem Flüchtlings-, sondern in einem Wohnheim für Studenten. Kaum dort eingezogen übernahm Smajo die Leitung eines Studentenclubs und organisierte die ersten Balkanpartys des Ruhrgebiets.

Bei allem, was er in dem Club tat, galten immer drei goldene Regeln:

1) Obdachlose und Flüchtlinge bekommen rund um die Uhr Kaffee umsonst.

2) Wenn Smajo im Club ist, ist er der Chef.

3) Wenn Smajo nicht im Club ist, ist er immer noch der Chef.

Smajo war für mich in dieser Zeit eine Art moderner Robin Hood. In erster Linie kümmerte er sich um Flüchtlingskinder aus Bosnien-Herzegowina, die in einer Notunterkunft in Essen wohnten und alle schwer traumatisiert waren. Sie kamen aus Bosanski Novi und Prijedor, Städten, in denen die moslemische Bevölkerung ermordet oder vertrieben worden war. Und das nur, weil sie die »falsche« Religion hatten. Absurderweise mussten sie nun froh darüber sein, dass sie überhaupt noch die Möglichkeit hatten, ihre Häuser von heute auf morgen zu verlassen, ohne etwas mitnehmen zu können. Für diese Flüchtlinge war Smajo ein Held. Mindestens drei Mal die Woche kam er vorbei, versorgte die Erwachsenen mit bosnischen Zeitungen, die er sich am Hauptbahnhof »geliehen« hatte, und steckte den Kindern Süßigkeiten zu. Noch mehr als die Süßigkeiten liebten es die Kinder, wenn Smajo mit ihnen spielte. Er war ihr großer Freund, der sie niemals enttäuschte. Mit welcher Energie, Geduld und Liebe er diesen Kindern begegnete, war einmalig.

Kurz vor Weihnachten fragte mich Smajo, ob ich nicht Lust hätte, ein paar Lieder für die Kinder zu singen. Er wollte im

Heim eine kleine Bescherung organisieren und sammelte dafür gerade alte Spielzeuge von Freunden und Bekannten. »Ich selbst habe leider keine Zeit«, sagte ich, »aber der Weihnachtsmann ist ein guter Kumpel von mir. Vielleicht hat er ja noch einen Termin frei …«

Smajo grinste. »Hast du überhaupt ein Kostüm, du Arsch?«

»Das bekomme ich schon hin.«

Ein paar Tage später saßen wir zusammen im Wohnzimmer bei meiner Tante Sonja in Recklinghausen. Smajo hatte drei volle Kartons mit alten, aber gut erhaltenen Spielsachen organisiert – und meine Tante über Freundinnen und Nachbarn noch einmal genauso viele. Wir packten Spielzeugautos, Puppen und Bücher in Geschenkpapier ein.

Smajo fragte mich nach einem Messer. Ich hatte keine Lust, aufzustehen und extra in die Küche zu gehen, also sagte ich:

»Wir haben hier keine Messer.«

»Was bist du denn für ein Serbe, wenn du keine Messer hast?«, fragte Smajo.

»Offenbar kein guter«, sagte meine Tante Sonja, und wir lachten.

Schließlich packten wir alle Geschenke und meine Gitarre in Sonjas Auto und fuhren zu den Kindern. Die Verkleidung als Weihnachtsmann hatte ich mir von einem Freund geliehen. Er spielte Schlagzeug in einer deutschen Schlagercombo, und nach Auftritten bei unzähligen dezemberlichen Firmen- und Straßenfesten war er praktisch ein staatlich geprüfter Weihnachtsmann. Mit seinem Kostüm konnte also nichts schiefgehen.

Im Heim stellte mich Smajo den Eltern einfach als einen guten Freund vor und führte mich in den Gesellschaftsraum, wo die Kinder spielten. Smajo legte seine Hand auf meine Schulter: »Kinder, ob ihr es glaubt oder nicht – das hier ist der

Bruder von Michael Jackson. Und gleich wird er Musik für euch machen.«

Ich musste lachen. Der Bruder von Michael Jackson? Wie kam er denn darauf? Dann verstand ich. Das Video zu »Black or White« lief im Fernsehen gerade rauf und runter. Michael Jackson sah darin mit seinen schwarzen, langen Haaren wie eine weiße Frau aus. Und ich sah zu dieser Zeit im Prinzip genauso aus mit meiner langen, schwarzen Matte. Nur wollte ich mich dabei eher als Rocker fühlen. Und als Mann.

Die Kinder wussten nicht, ob sie Smajo glauben sollten. Denn ich sprach ihre Sprache, und nicht Englisch. Doch allein der Gedanke, dass der Bruder des King of Pop in ihrem Heim nur für sie singen sollte, imponierte den Kids. Eine merkwürdige Situation. Einerseits wollte ich den Kindern etwas Gutes tun und war froh, dass Smajo mich hierhin eingeladen hatte. Andererseits fühlte ich mich in diesem Flüchtlingswohnheim irgendwie fehl am Platz und schämte mich, den Kindern etwas vorzuspielen. Obwohl auch ich bei der Ausländerbehörde als Flüchtling geführt wurde, war meine Situation doch viel komfortabler. Ich war regulär mit einem Flugzeug aus Belgrad in Düsseldorf gelandet, lebte bei meiner Tante in einem Einfamilienhaus mit Schwimmbad, Sauna, Garten und eigenem Zimmer und hatte den Krieg nur indirekt erlebt. Diese Kinder, vor denen ich nun den Bruder von Michael Jackson und anschließend den Weihnachtsmann spielen sollte, hatten alles verloren. Ihre Häuser, ihr Hab und Gut, ihre Würde. Vermutlich auch Familienangehörige.

Ich spielte ein paar Kinderlieder aus dem ehemaligen Jugoslawien. Keiner wollte sich darüber wundern, dass der Bruder von Michael Jackson das im Repertoire hatte. Die Kinder hörten einfach zu, und einige sangen sogar mit.

Dann kamen schon die Pitas auf den Tisch. Bosnische Blätterteigspezialitäten, gefüllt mit Käse, Spinat, oder – wie meine Lieblingspita »krompiruša« – mit Kartoffeln. Smajo saß mir gegenüber und machte Witze, wir aßen die Pitas, die Kinder lachten. Smajo stellte sie mir alle einzeln vor. Sie waren schüchtern, ruhig und zurückhaltend. Nur einer war ganz anders. Der sechsjährige Emir, Smajos größtes Sorgenkind. Er war hyperaktiv, leicht aggressiv und zeichnete die ganze Zeit Panzer, Bomben und tote Soldaten in einen Block. Mit ihm zu sprechen war so gut wie unmöglich. Aus irgendeinem Grund war Emir auch noch überzeugt davon, dass unsere Muttersprache ungarisch wäre.

Eine Stunde später stand dann mein zweiter großer Auftritt auf dem Programm. Diesmal als Weihnachtsmann. Ich verschwand kurz in einer Abstellkammer und warf mir das Kostüm über: Mantel, Mütze, Bart. Smajo kündigte mich bei den Kindern an, und ganz langsam betrat ich, mit einem Sack voller Geschenke über der Schulter, den Raum. Erwartungsvolle Stille. Ich pitchte meine Stimme um zwei Oktaven nach unten und sprach ganz tief und langsam wie ein alter Mann. Nun sollten die Kinder einzeln zu mir nach vorne kommen, ein Ständchen singen oder ein Gedicht aufsagen und ihr Geschenk erhalten. Alles lief nach Plan. Ein Kind nach dem anderen bekam sein Geschenk und rannte glücklich zu seinen Eltern. Als Letzter kam der kleine Emir zu mir nach vorne. Schweigend stand er da und schaute mich einfach nur an. Ich wurde etwas nervös. Dann zeigte er auf meine Schuhe, die ich nicht gewechselt hatte, und sagte:

»Hey Leute, das ist nicht der Weihnachtsmann. Das ist der Bruder von Michael Jackson!«

Die Erwachsenen im Raum fingen sofort an zu lachen. Smajo

und die Kinder ebenfalls. Sie lachten Tränen. Auch ich konnte nicht anders und lachte mit. Als Weihnachtsmann. Und auch ein wenig als Bruder von Michael Jackson.

Haben Sie Eier und Salz?

Im vorletzten Winter war ich mal wieder als »Balkanizer« in Berlin. Wenn sich Studiogäste aus der Hauptstadt bewerben, produziere ich meine Radiosendung nämlich dort und nicht wie üblich in Köln. Nach der Aufnahme in den Studios vom RBB gehe ich mit ihnen etwas trinken oder besuche Freunde. Dieses Mal war meine alte Uni-Freundin Uschi dran. Uschi war gerade gemeinsam mit ihrer neuen Liebe Thomas in eine große Drei-Zimmer-Altbauwohnung am Prenzlauer Berg gezogen. Nach der kurzen Begrüßung an der Tür – Blumen, Wein und Kuss – folgte die obligatorische Wohnungsbesichtigung.

»Das ist unser Wohnzimmer«, sagte Uschi, als wir einen großen, schönen Raum betraten. »Und hier ist die Küche«, sagte Thomas und zeigte stolz auf ein paar alte Stühle, die ihm seine Oma geschenkt hatte. Dann gingen wir gemeinsam durch einen langen Flur, und Uschi erklärte: »Hier ist mein Zimmer, und das gegenüber ist das von Thomas.« Da wir uns lange kannten und mir die separaten Zimmer eines frisch verliebten Pärchens äußerst seltsam vorkamen, sagte ich später, als Thomas unterwegs war, zu Uschi:

»Ich dachte, ihr seid zusammen?«

Uschi: »Sind wir auch. Warum fragst du?«

Ich: »Warum habt ihr dann getrennte Zimmer?«

Uschi: »Ach so, das meinst du. Etwas Privatsphäre kann doch nicht schaden, oder? Manchmal ist es wichtig, dass man sich alleine in seine vier Wände zurückziehen kann.«

Ich: »Aha, klar, verstehe.«

Ich habe gelogen. Ein frisch verliebtes Paar mit getrennten Zimmern, das konnte ich nicht verstehen. Auf dem Weg zum Hotel ging mir das Zwei-Zimmer-Beziehungsmodell meiner alten Uni-Freundin nicht mehr aus dem Kopf. Privatsphäre. Was war das noch mal? Dieser Begriff kam mir mystisch vor, und eigentlich verfolgt er mich schon, seit ich in Deutschland lebe – wie ein leiser Geist. Die ersten drei Jahre habe ich noch sehnsüchtig darauf gewartet, dass irgendein Nachbar nachts um halb elf bei mir klingelt, weil ihm die Eier oder das Salz ausgegangen sind. »Das macht man hier nicht, Danko«, erklärte mir damals meine Tante Sonja, »die Leute wollen dich nicht in deiner Privatsphäre stören.«

Darüber konnte ich nur lachen. Für meine alten Nachbarn in Belgrad existierte keine »Privatsphäre«. Unser Nachbar Milan klopfte nach jedem Streit mit seiner Frau an unsere Wohnungstür. Milan und seine Frau stritten oft, vielleicht weil sie eben keine getrennten Schlafzimmer hatten. Milan saß dann stundenlang bei uns, guckte Fernsehen oder las Zeitung und trank Kaffee. Ob das gerade passte oder nicht, darüber machten sich weder Milan noch meine Eltern Gedanken. Milan war unser netter Nachbar, und nette Nachbarn waren bei uns immer herzlich willkommen. Sie gehörten quasi zur Familie, und es war gut, zu wissen, dass sie immer da waren, wenn man sie brauchte. Genauso wie wir für sie da waren.

Meine deutschen Nachbarn kannte ich nur aus kurzen Begegnungen im Hausflur. Eine nette Begrüßung, ein bisschen Small Talk über das Wetter und die neue Hausverwaltung, und das war es dann. Zugegeben: Auch ich zeigte keine Initiative, das zu ändern und etwas gemeinsam zu unternehmen. Ich traute mich ja nicht mal, bei meinen Nachbarn zu klingeln, wenn ich gerade dringend ein paar Nägel oder Dübel brauchte. Obwohl es mich total nervt, wenn ich den Aufbau des Wohnzimmerschranks unterbrechen muss, um noch schnell in den Baumarkt zu fahren.

Dabei stellte ich dann entsetzt fest, wie deutsch ich inzwischen geworden war. Nicht nur, dass ich zunehmend die Privatsphäre anderer Menschen akzeptierte, ich hatte sogar angefangen, meine eigene Privatsphäre zu schätzen. Trotzdem fand ich das manchmal traurig, denn die Privatsphäre verhindert ja auch irgendwie die Entstehung einer Gemeinsam-Sphäre – oder besser gesagt: einer gemeinsamen Atmosphäre, die mir hier manchmal fehlt.

Dann, im vergangenen Jahr kurz vor Weihnachten, bekamen wir von unseren neuen Nachbarn eine Einladung zum »Neujahrskonzert« am ersten Januar.

»Wir haben gehört, dass viele musikalische Talente in unserem Haus wohnen«, stand auf dem goldenen Papier in unserem Briefkasten. »Bei dieser Gelegenheit wollen wir uns kennenlernen und ein bisschen zusammen musizieren. Ein Klavier ist vorhanden, Sie können aber auch gerne andere Instrumente mitbringen. Wir bitten um eine kurze Antwort bis zum 26. Dezember. Mit freundlichen Grüßen, Ihre neuen Nachbarn Anna und Andreas.«

Ich war überrascht – und gleichzeitig glücklich. Bisher hatte mich noch kein Nachbar zum Kaffee oder Kuchen eingeladen, geschweige denn zu einem Konzert. Und immerhin lebte ich in dem fünfstöckigen Haus im Düsseldorfer Norden schon seit knapp zehn Jahren. Doch schon am nächsten Tag war mir die

Freude vergangen, und meiner Frau ging es genauso. In meinem Kopf herrschte Durcheinander. Was sollen wir da? Mit unbekannten Menschen gemeinsam irgendwelche Neujahrslieder singen? Seit zwanzig Jahren warte ich auf eine solche Einladung, und jetzt will ich nicht hin – das kann doch wohl nicht wahr sein! Bin ich in dieser Zeit so geworden wie meine Nachbarn? Will ich nichts lieber als meine Ruhe und meine Privatsphäre?

Sozialkontakte – ja, gerne, aber wenn, dann organisiert in einem Verein oder am Stammtisch? Was ist bloß aus mir geworden? Ein Deutscher?

Diese Gedanken quälten mich ein paar Tage, dann – am 26. Dezember – sagte ich Anna und Andreas zu. Ich konnte einfach nicht anders. Und siehe da, es war ein sehr schönes Nachbarschaftskonzert. Etwas sehr Ungewöhnliches, das ich in dieser Form auch auf dem Balkan noch nie erlebt hatte. An diesem Abend lernten wir endlich unsere Nachbarn besser kennen, auch diejenigen, die wir nur vom Sehen kannten. Wir lachten und sangen, und unsere Kinder spielten miteinander. Dann packte ich meine Ukulele aus und gab gemeinsam mit meiner Tochter ein altes kroatisches Lied zum Besten. Standing Ovations in der Erdgeschosswohnung fremder Menschen. Dank meiner Tochter natürlich. Dann setzte sich der sechsundachtzigjährige Gerd ans Klavier. Er wohnt drei Etagen über uns, und ich wusste gar nicht, dass er Musik macht. Gerd spielte eigene Stücke mit sehr poetischen und witzigen Texten und jazzigen Harmonien. Bescheiden entschuldigte er sich alle paar Takte für sein »amateurhaftes« Spielen. Für mich klang er sehr authentisch und überhaupt nicht amateurhaft. Nach dem kurzen, überaus sympathischen Konzert sagte Gerd in der Küche zu mir: »Ich kenne Ihre Stimme aus dem Radio, Sie machen doch diese Balkansendung, immer samstags mit Ihrer Gitarre.«

»Ja, ja stimmt – das bin ich.«

Gerd: »Finde ich sehr schön, wie Sie das machen, und es macht auch viel Spaß, Ihren Gästen zuzuhören und etwas über Ihre Kultur zu lernen.«

Ich: »Danke schön, ich hätte nicht gedacht, dass meine Nachbarn sich für Balkanmusik und Balkangeschichten interessieren.«

Gerd: »Oh doch doch, ich mag Balkanmusik sehr.«

Für ein paar Stunden war das Gemeinschaftsgefühl, das ich aus Ex-Jugoland kenne, wieder da – Anna und Andreas sei Dank.

Inzwischen haben mir sogar zwei der Nachbarn erlaubt, vor ihrer Garage zu parken. Eine tolle Nachbarschaftshilfe, besonders wenn ich meine Kinder oder Instrumente im Auto habe. Auf unserer Straße ist es nämlich wie ein Sechser im Lotto, wenn man mal einen Parkplatz findet. Doch jetzt kann ich immer mit einer »freien« Lücke vor dem Haus rechnen. Wenn meine Nachbarn rausfahren müssen, wissen sie ja, wo sie mich finden. Sie sagen dann zu mir: »Lassen Sie mich bitte kurz raus, dann können Sie Ihr Auto wieder dort hinstellen« – fast so, als hätten sie ein schlechtes Gewissen. Langsam, aber sicher fühle ich mich in meinem Düsseldorfer Domizil wie in Belgrad. Nur das mit Eiern und Salz um Mitternacht müssen wir noch ein bisschen üben.

Auf dem Balkan
sind wir alle Domian

Manchmal, wenn ich spät in der Nacht mit dem Auto nach Hause fahre, höre ich die Talksendung »Domian«. Und das nicht, weil ich scharf auf die ungewöhnlichen Geschichten der Anrufer bin. Mich fasziniert eher, dass die Menschen überhaupt den Bedarf haben, dort anzurufen. Nichts gegen meinen Radiokollegen Domian. Er macht das professionell und mit viel Mitgefühl. Ich frage mich aber immer wieder, warum jemand über die verstorbene Frau oder die Vergewaltigung durch den pädophilen Onkel vor einem Millionen-Radio-und-TV-Publikum mit einem Unbekannten reden will. Haben diese Leute keine Freunde?

Wenn das Thema der Sendung »Meine lustigste Taxifahrt« oder »Mein ungewöhnlicher Job« ist, dann kann ich es ja noch verstehen, dass man da eventuell anrufen und mitmachen will. Bei den »themenfreien« Sendungen rufen bei Domian allerdings meistens einsame Menschen an, die ihre traurigen Geschichten mit niemandem teilen können. Sie haben offenbar keine Freunde, keine Familienmitglieder, keine Arbeitskollegen, keine Nachbarn, die zuhören und eventuell helfen können. Nein, sie haben nur Domian, einen aus dem Fernsehen bekannten Menschen, der zum Zuhören da ist. Diese Vorstellung finde ich meistens fast noch trauriger als die eigentlichen Geschichten.

Das ist natürlich mein subjektives Empfinden, denn ich habe zum Glück viele Freunde, mit denen ich reden kann. Manchmal denke ich, dass zwischenmenschliche Beziehungen auch mit der jeweiligen Kultur zu tun haben. Auf dem Balkan redet man unglaublich gerne. Über alles und mit jedem. Manchmal nervt es zwar, wenn man sich Sachen anhören muss, die man gar nicht hören will. Aber irgendwie gehört die pausenlose Kommunikation einfach zur Balkanmentalität dazu. Kaffee trinken und reden bis zum Umfallen.

Das bedeutet aber gleichzeitig, dass man auf dem Balkan keinen Domian braucht. Ich bin mir sogar sicher, dass eine solche Call-in-Sendung in Serbien oder Bosnien-Herzegowina gar nicht funktionieren würde: Keiner würde anrufen, denn auf dem Balkan ist jeder Mensch ein Domian. Wenn man ein Problem hat oder bedrückt ist und das mit jemandem teilen will, dann fängt man mit der Familie an. Ist aus irgendeinem Grund kein Gespräch mit Eltern, Geschwistern oder dem Ehepartner möglich, geht man zu einem guten Freund. Sollte auch das scheitern, hat man immer noch den Nachbarn nebenan, mit dem man öfter Kaffee trinkt und quatscht. Und wenn auch der Nachbar nicht da ist, dann ist mit Sicherheit ein Café- oder Bäckerei-Besitzer in der Nähe, der gut zuhören kann. Und schon ist man seine Geschichte los und fühlt sich besser. Dazu sind Freunde und Bekannte doch da. Damit wir uns austauschen und gegenseitig helfen können, oder nicht?

In Deutschland ruft man offensichtlich lieber bei Jürgen Domian an. Er ist nett, er ist einfühlsam, er wird sogar dafür bezahlt, uns zuzuhören. Wieso soll man sein unmittelbares Umfeld mit eigenen Problemen belasten? Lieber einen hochspezialisierten Unbekannten anrufen. Denn das ist zu hundert Prozent unverbindlich. Und Domian erwartet danach auch nichts mehr von uns. Wenn so ein Gespräch im Radio jemandem hilft oder gar glücklicher macht, ist das natürlich völlig in Ordnung, und ich habe nichts dagegen. Ich will nur sagen: Es geht auch anders. Jeder könnte im unmittelbaren Umfeld seinen ganz persönlichen Domian finden, und das würde das Leben viel schöner machen. Klar, der Domian wäre dann arbeitslos. Aber er hätte dann ja auch jemanden, mit dem er das besprechen könnte.

Skijacke im Sommer

Die Deutschen kommen immer zu früh. Auch im Bett. Das behauptet zumindest meine gute Freundin Marion. Das ist aber nicht mein Problem, denn ich bin Balkanese. Mein Problem ist eher die langfristige Planung im Einzelhandel. Eine Disziplin, in der die Deutschen ohne Zweifel Weltmeister sind.

Ich beobachte seit zwei Jahrzehnten staunend, wie präzise und lange im Voraus geplant wird. Alles muss perfekt organisiert sein, alles muss funktionieren, und dabei müssen auch noch lange Vorlaufzeiten eingehalten werden. Ein ständiger Kulturschock für einen Balkanesen wie mich. Gegen eine perfekte Planung habe ich ja überhaupt nichts. Ich finde es toll, wenn mein Zug pünktlich abfährt und die Heizung im Winter funktioniert. Das ist bei uns auf dem Balkan keine Selbstverständlichkeit.

Als ich noch neu in Deutschland war, fand ich es jedoch sehr seltsam – um nicht zu sagen: bedrohlich –, dass man hier schon im September Spekulatius kaufen kann. Karnevalskostüme gibt es ab Oktober, Weihnachtsmärkte bereits im November und Ostereier schon im Januar. Als würden uns die Feiertage davonlaufen! Trotzdem konnte ich mich an diese Tradition schnell gewöhnen, schließlich esse ich weder Spekulatius, noch trinke ich Glühwein oder feiere Karneval. Und Ostereier sind mir auch piepegal.

Eine Sache macht mich aber seit Jahren wahnsinnig: Warum kann ich mitten in der Skisaison keinen Skianzug mehr für meine Tochter kaufen? Weder im November noch im Dezember oder Januar finde ich etwas Passendes. Wir sind wirklich keine Modefreaks, aber wir brauchen jede Saison neue Klamotten, weil das Kind wächst. So sind Kinder nun mal.

Als ich im Oktober eine schöne Skijacke für meine Tochter gesehen hatte, wollte ich auf Nummer sicher gehen und sie sofort kaufen. Leider war die passende Größe nicht mehr vorrätig. Als ich die Verkäuferin fragte, ob sie die Jacke noch einmal geliefert bekämen, schaute sie mich an wie einen Außerirdischen: »Wintersachen werden jetzt nicht mehr geliefert.«

»Heißt das, ich soll Skiklamotten im August kaufen?«, fragte ich.

»Ja, wie alle anderen auch«, sagte sie mit einer Ätsch-bätsch-Stimme.

Im August liege ich aber mit meiner Familie am Strand in Kroatien und weiß noch gar nicht, wann und ob wir überhaupt in den Skiurlaub fahren wollen. Das wollte ich auch der Verkäuferin noch sagen, aber sie war leider schon weg.

Als dann klar war, wann und wo wir unseren Winterurlaub verbringen würden, habe ich mit meiner Tochter noch einmal die ganze Stadt abgesucht. Zum Schluss haben wir doch noch einen Skianzug gefunden und gekauft. Die Ärmel waren ein bisschen zu kurz, es war nicht ihre Lieblingsfarbe, und der Preis war auch nicht gerade attraktiv, aber immerhin musste das Kind nun nicht frieren und in Jeans die Piste heruntersausen.

Doch nicht nur in der Kinder-Skimode, auch bei Konzert- und Lesungstourneen habe ich mit den sehr langen Vorlaufzeiten zu kämpfen. Wenn man sie vernünftig organisieren will, bleibt für meine balkanesische Spontaneität kein Raum. Wenn wir mit unserer Band in einem guten Club in Deutschland spielen wollen, müssen wir diesen mindestens sechs bis acht Monate im Voraus buchen. Das fand ich anfangs etwas seltsam, weil ich mir nicht vorstellen konnte, wo und in welchem Zustand ich mich in acht Monaten befinden würde: krank oder gesund, gut oder schlecht drauf. Als ich aber verstanden habe, dass die langfristige Eventorganisation für die gute PR-Arbeit, Vorverkauf und für die Planung der Band nur von Vorteil ist, bin ich ziemlich deutsch geworden. Heute weiß ich, dass ich in acht Monaten gesund und gut drauf sein werde, wenn ich auf die Bühne rausmuss. Und wenn nicht, dann muss man eben absagen, aber das ist noch nie vorgekommen …

Das Ganze hängt aber vielleicht auch mit meiner Angst vor Faulheit zusammen: Was du heute nicht schaffst, machst du morgen. Und wenn du morgen nicht dazu kommst, dann machst du es halt übermorgen. Wenn überhaupt.

Ich habe einen Teil dieser Kultur geerbt und kann deshalb ohne Deadlines nicht funktionieren. Denn natürlich lockt im Leben immer etwas, das wichtiger und schöner ist als Hausaufgaben, Arbeit oder Aufträge.

Als mich neulich ein Veranstalter fragte, ob er für eine Buch- und CD-Release-Veranstaltung, die erst in zehn Monaten stattfinden sollte, bereits den Vorverkauf starten könne, antwortete ich, ohne zu zögern, mit »Ja«. Und das, obwohl ich wusste, dass ich das Buch noch lange nicht zu Ende geschrieben und die Band noch keinen einzigen Ton des neuen Albums eingespielt hatte. Spätestens jetzt wusste ich aber auch, dass wir alles pünktlich abliefern würden: Der Mann war schon in den Vorverkauf gegangen, und wir durften unser Publikum nicht enttäuschen. Wir sind schließlich integriert.

Frosch – Schere – zu!

Ausländeramt, Stammtisch, Dosenpfand, Haftpflichtversicherung – das sind nur einige der Begriffe, die für mich neu waren, als ich nach Deutschland kam. So etwas gab es im ehemaligen Jugoslawien einfach nicht. Und deshalb wundert es mich auch nicht, dass die meisten Ex-Jugos in Deutschland keine Haftpflichtversicherung haben. So eine Versicherung abzuschließen, widerspricht irgendwie unserer Mentalität. Wir hoffen immer, dass alles gut geht und nichts Schlimmes passiert. Und wenn doch etwas passiert, dann verfluchen wir einfach die ganze Welt. Und reden gerne im Konjunktiv: Hätten wir dies, hätten wir das ...

Obwohl ich schon so lange in Deutschland lebe, lerne ich hier immer wieder neue Begriffe, Wörter und Sitten kennen. Als meine ältere Tochter noch im Kindergarten war, lernte ich zum Beispiel, dass Seepferdchen nicht nur diese kleinen Meerestiere sind, sondern auch der Namensgeber für eine Schwimmprüfung. Einmal in der Woche ging meine Tochter mit ihrer Kindergartengruppe zum Schwimmunterricht, um dieses Seepferdchen zu bekommen. Das ist ein Schein, auf dem schwarz auf weiß steht, dass das Kind schwimmen kann. Und auch ein Abzeichen, das sich die Kinder auf die Badeklamotten nähen lassen können und auf das sie meistens sehr stolz sind. Bei uns auf dem Balkan gibt es zwar auch Kinder, die schwimmen können, und Kinder, die nicht schwimmen können. Aber offizielle Dokumente darüber gibt es nicht.

Ganz anders in Deutschland, hier muss sogar das Kinderschwimmen amtlich sein. Eigentlich gibt es für fast jedes Hobby und für fast jede Art von Fortbewegung eine Bescheinigung: Schwimmen, Angeln, Segeln, Funken – sogar fürs Fahrradfahren. Die Gesellschaft legt offensichtlich viel Wert auf Dokumente und Ausweise. Ordnung muss sein! Und da wir in Deutschland leben und unserer Tochter das Gefühl vermitteln wollen, dass wir zivilisiert und voll integriert sind, haben wir auch sofort »Ja« zu Schwimmkurs und Seepferdchen gesagt. Unser Kind sollte schließlich nicht als einziges Kindergartenkind »scheinlos« durch die Welt schwimmen.

Als ich aber erfuhr, dass wir dienstags und mittwochs bereits um 7:15 Uhr im Kindergarten sein mussten, weil der Kurs um acht Uhr begann, war Schluss mit lustig. Um halb sieben aufzustehen – gute neunzig Minuten früher als sonst – war eine einzige Qual für uns. Noch schwieriger war es, Maja wach zu halten, damit sie im Schwimmbad nicht ertrank.

Einmal musste ich sogar meinen Geburtstag mit Chlorgeruch in der Nase feiern, weil immer ein Elternteil im Schwimmbad mit dabei sein muss, um den Erziehern beim Umziehen der Kinder zu helfen. Sofort wurde ich von einer fünfjährigen Nichtschwimmerin mit dem Satz begrüßt: »Mein Papa ist schöner als du.«

Das fing ja gut an! Zu allem Übel habe ich meiner Tochter im Sommer in Kroatien auch noch einen falschen Schwimmstil beigebracht. Die Kommandos für die richtige Beinarbeit lauten nämlich: Frosch – Schere – zu! – Frosch – Schere – zu! – Frosch – Schere – zu! Es hat trotzdem geklappt mit dem Seepferdchen, und meine ältere Tochter hat nun im Gegensatz zu mir eine amtliche Bestätigung darüber, dass sie schwimmen kann. Immerhin bin ich jetzt vorbereitet. Wenn auch unsere jüngere Tochter irgendwann das Seepferdchen macht, kann sie sogar in der kroatischen Adria auf einen anständig integrierten »Frosch – Schere – zu!«-Papa zurückgreifen.

So lustig wie
eine enge Unterhose

Ich lebe seit über zwanzig Jahren in Deutschland und kann, obwohl ich es immer wieder versuche, einfach nicht über deutsche Komiker lachen. Am Anfang dachte ich, es läge an meinen mangelnden Sprachkenntnissen. Nach ein paar Jahren wurden meine Sprachkenntnisse zwar langsam besser, aber die deutschen Komiker komischerweise nicht lustiger. Das muss am kulturellen Hintergrund liegen, dachte ich dann und fragte mich, ob mir etwas mehr Landeskunde helfen könnte.

Heute denke ich, dass es weder an der Sprache noch an fehlenden Landeskundekenntnissen liegt. Tatsache ist: Die deutschen Komiker und Comedians sind schlicht und ergreifend schlecht. Auf dem Balkan würde man sagen: »Sie sind so lustig wie eine enge Unterhose.«

Natürlich gibt es wie immer Ausnahmen, doch die allgemeine Tendenz ist erschreckend niveaulos. Der Humor ist platt und eindimensional, die Gags fantasielos und die Pointen pubertär.

Das könnte mir ja eigentlich egal sein, was gehen mich deutsche Comedians an? Stimmt. Aber die Faszination, dass einige dieser Witzbolde so maßlos erfolgreich sind, lässt mich nicht los. Wie kann es sein, dass tausende Menschen in Hallen und

Stadien rennen, um sich für viel Geld schlechte Witze erzählen zu lassen?

Wenn ich beim Zappen im deutschen Fernsehen manchmal bei einem Comedy-Beitrag hängen bleibe, denke ich immer: »Das ist doch eine Beleidigung unserer Intelligenz!«

»Welche Intelligenz?«, fragte mein deutscher Freund Sebastian, als ich mich über die Comedy hierzulande empörte. »Das hat überhaupt nichts mit Intelligenz zu tun.«

Ich musste sofort an meinen Vater denken, der immer behauptet hatte: »Um witzig zu sein, muss man in erster Linie gebildet sein.« Immer wenn mein Bruder und ich unseren Vater veräppeln wollten und er unsere Gags nicht gut fand, brachte er diesen Satz. Das hat uns sehr geärgert, denn er wollte uns damit sagen, dass wir doof sind. So haben wir diesen Satz damals zumindest interpretiert. Später wurde uns, wie bei vielen anderen Sachen auch, klar, dass unser Vater recht hatte.

Trotzdem glaube ich, dass Humor auch von Kultur und Mentalität geprägt ist. Kein Wunder, dass manche meiner deutschen Freunde so irritiert gucken, wenn ich ihnen einen balkanesischen Witz erzähle:

Warum wandern inzwischen immer mehr Montenegriner nach Bosnien-Herzegowina aus?

Weil sie gehört haben, dass es dort keine Arbeit gibt!

Um die Pointe zu verstehen und darüber lachen zu können, muss man erst einmal wissen, dass die Montenegriner in der Region als besonders faul gelten und der bosnische Arbeitsmarkt absolut perspektivlos ist.

Das nötige Hintergrundwissen über Deutschland habe ich inzwischen – über deutsche Comedians lache ich immer noch nicht. Woran liegt das? Warum kann ich über den britischen Humor viel öfter lachen, obwohl ich mit Engländern nichts am

Hut habe? Wieso finde ich Serdar Somuncu witzig, obwohl ich kein Deutsch-Türke bin? Und Bülent Ceylan aber nicht?

»Humor ist, wenn man trotzdem lacht«, heißt es hierzulande. Wenn dieser Spruch stimmt, bin ich entweder total humorlos – oder aber noch immer nicht richtig integriert.

Bumsen erlaubt, ficken verboten

Als unsere Tochter Ana einmal vor unserem Sommerhaus in Dalmatien spielte, kam unsere Nachbarin Nada hinzu. Nada hatte Ana bis dahin noch nicht kennengelernt und begrüßte sie mit folgenden Worten: »'bem ti miša, što si slatka!«

Wörtlich übersetzt bedeutet das: »Ich ficke deine Maus, bist du süß!«

Aufgeregt oder gewundert hat sich darüber keiner von uns. Wir wussten, dass Nada nur ausdrücken wollte, wie süß sie unser sechzehn Monate altes Kind fand. Solche Lobeshymnen auf Kinder hört man auf dem Balkan ständig. Bei Lobeshymnen auf Erwachsene sind dann aber keine Mäuse, sondern eher Mütter, Tanten, Schwestern und andere Familienmitglieder im Spiel.

Klar, der Satz mit der Maus klingt auf Deutsch ziemlich hart und alles andere als kinderfreundlich. Ich will mir gar nicht vorstellen, wie eine deutsche Mutter reagieren würde, wenn jemand zu ihrem Kind auf dem Spielplatz sagen würde: »Ich ficke deine Maus, bist du süß!« Noch weniger möchte ich mir vorstellen, wie es aussieht, wenn unsere hundertzwanzig Kilo schwere Nachbarin Nada eine kleine Maus fickt. Aber wenn sie den betreffenden Satz in meiner Muttersprache sagt, dann klingt das wie ein beiläufiges »Guten Tag«: »'bem ti miša, što si slatka!«

In meiner alten Heimat flucht man viel. Jung und alt, Mann und Frau. Schimpfwörter gehören einfach zum Alltag, sind ein Teil unserer Sprachkultur. Fluchend können wir unsere Emotionen am besten ausdrücken. Und wenn man eine Steigerung für etwas braucht, kommt mit großer Wahrscheinlichkeit ein Schimpfwort zum Einsatz. Nach einem tollen Konzertbesuch sagt man zum Beispiel: »Bilo je dobro u pičku materinu!« – »In der Fotze deiner Mutter, war das gut!« Und um zu erzählen, wie verdammt schön die Band doch gespielt hat: »Jebu majku kako sviraju!« – »Die ficken die Mutter so, wie sie spielen!«

Für deutsche Ohren hört sich das schlimm und primitiv an, bei uns ist es halb so wild: Je nach Situation und Kontext bekommen Schimpfwörter eine völlig andere Bedeutung. In meinem ersten Buch, *Der Balkanizer – ein Jugo in Deutschland,* habe ich mich ausführlich mit der Schimpfwort-Kultur meiner Muttersprache beschäftigt. Das kam bei vielen Ex-Jugos gut an – besonders bei denen, die mit einer deutschen Frau oder einem deutschen Mann verheiratet sind. »Danke, Danko, endlich kapiert mein Schatz, warum wir so viel und ausgiebig fluchen!«

Ein YouTube-Video, in dem ich auf einer Lesung acht Minuten lang pausenlos schimpfe, ist bis heute mehr als dreihunderttausend Mal angeklickt worden. Der gleiche Clip überzeugte sogar die Redaktion eines großen deutschen TV-Senders, mich als Studiogast einzuladen. Ich sollte dem Gastgeber ein paar balkanesische Schimpfwörter beibringen und erklären, warum die Balkanesen genitalfixiert und die Deutschen analfixiert schimpfen. Mein erster Gedanke: Was soll ich da? Ich bin kein Fan der deutschen Comedy – und noch weniger des besagten Privatsenders.

Ich sagte trotzdem zu.

Wenige Tage später erhielt ich per Mail von einem Produzenten der Sendung einen Dialog zugeschickt, der am Drehtag mit dem Moderator vor Kamera und Publikum aufgezeichnet werden sollte. Ich sollte Sätze aufsagen, die sich andere für mich ausgedacht hatten? Und diese am besten vorher schön brav auswendig lernen? Ich rief bei dem Produzenten an.

»Ich dachte, es handelt sich um ein kurzes Gespräch mit dem Moderator.«

»Ja, klar. So wie ich es dir erzählt habe.«

»Aber warum habe ich fertige Sätze zugeschickt bekommen? So rede ich nicht, außerdem habt ihr einige Sachen aus meinem Buch falsch interpretiert. Und an einer Stelle taucht auch noch meine Frau auf.«

»Mach dir keine Sorgen, Danko! Das ist nur ein bisschen Dramaturgie, damit sich die Redakteure das vorstellen können. Aber es wird ein freies Gespräch sein, und du kannst gerne auch deine Gitarre mitbringen.«

Zwei Wochen später erschien ich zur Aufzeichnung der Show in den großen TV Hallen eines Kölner Vororts. Eine junge, freundliche Assistentin führte mich zu meiner Garderobe und sagte: »Gleich gibt es ein Vorgespräch mit der Redakteurin.«

Eine Ledergarnitur, ein Tisch aus Glas, eine große Spiegelwand, gekühlte Getränke und ein Haufen Minischokolade. Das sah eher nach einem sterilen Büro als nach kreativem TV-Chaos aus. Ich spielte ein paar Akkorde auf meiner Gitarre und wartete auf die Redakteurin. Fünf Tage zuvor war meine zweite Tochter, Ana, geboren worden. Drei Tage zuvor war die Beerdigung eines Freundes gewesen. Ich war auf dem Karussell der Gefühle und gar nicht in Stimmung, einem deutschen Comedian das Fluchen beizubringen. Plötzlich klopfte jemand an der Tür. Eine große Blondine stellte sich als Redakteurin der Sendung vor.

»Hey Danko, schön, dass du hier bist. Sollen wir das Manuskript noch mal durchgehen?«

»Können wir gerne machen, aber ich weiß nicht, ob das wirklich sinnvoll ist.«

»Wieso nicht?«

»Weil ich diese Sätze so mit Sicherheit nicht sagen werde.«

»Musst du auch nicht. Ich habe nur eine dringende Bitte …«

»Ja?«

»Wenn es nachher um das Thema Fluchen geht … Kannst du dann bitte statt ›ficken‹ das Wort ›bumsen‹ sagen?«

»Wie?«

»Ja … Dass du eben nicht ›ficken‹ sagst, sondern ›bumsen‹.«

»Ist das nicht das Gleiche?«

»Ja, schon – aber ›ficken‹ ist auf dem Sender verboten.«

»Und ›bumsen‹ ist erlaubt?«

»Ja, ›bumsen‹ ist absolut in Ordnung, das ist gar kein Problem.«

»Okay, abgemacht … dann werde ich heute nur bumsen.«

»Danke, Danko!«, sagte die Redakteurin und verließ meine Garderobe.

Bei der Probe lernte ich endlich auch den Star-Moderator kennen. Bei unserem kurzen Gespräch vor den Kameras brachte ich natürlich alles durcheinander – wahrscheinlich, weil mich der Zensor in meinem Hinterkopf ständig ablenkte: »Nicht ficken, Danko! Nur bumsen!«

Die Aufzeichnung selbst lief sogar noch etwas schlechter als die Probe. Solche Sachen darf man einfach nicht wiederholen. Das Team und das Publikum waren trotzdem zufrieden mit meinem kurzen Crashkurs im Schimpfen. Und das verbotene Wort habe ich auch nicht gesagt.

Als die Aufzeichnung Monate später gesendet wurde, war ich gerade mit meiner Frau und den Kindern in Rijeka bei meinem Schwiegervater. Da er auch die deutschen TV-Programme empfangen kann, haben wir uns die Sendung zusammen angeguckt. Mein Schwiegervater spricht kein Deutsch, aber die Schimpfwörter, die ich in meiner Muttersprache zum Besten gab, hat er natürlich verstanden. Überrascht hat ihn das nicht, denn von Mutters Fotze oder einem Brot, das gefickt wird, zu erzählen, ist bei uns genau so normal wie eine Nachbarin, die vor lauter Begeisterung über ein Kleinkind Geschlechtsverkehr mit einer Maus haben will.

Meine Dialog-App

Ich wache auf und schaue auf die Uhr: 7:30 Uhr! Mist, schon wieder den Wecker nicht gehört! Schon wieder verschlafen!

Weil wir Schlafmützen sind, haben meine Tochter Maja und ich unser Morgenritual auf die Sekunde genau ausgerechnet. Das funktioniert aber nur, wenn ich um exakt 7:00 Uhr aufstehe. Frühstück für die Schule machen, Maja wecken, anziehen, dann schnell ins Bad – und pünktlich um 7:55 in der Schule sein. An diesem Wintermorgen liegt Maja wie bewusstlos neben mir. Wie so oft hat sie sich in der Nacht ins Elternbett geschlichen. Uns bleiben nur noch fünfundzwanzig Minuten!

»Wach auf, meine Sonne«, sage ich leise zu ihr.

»Wieso müssen wir immer nachts zur Schule?«, fragt Maja im Halbschlaf.

Ich versuche locker zu bleiben: »Es ist halb acht morgens, meine Liebe, und wir sind mal wieder zu spät.«

»Müssen wir wieder mit dem Fahrrad in die Schule fahren?«

»Nein, Mama hat heute frei, wir fahren mit dem Auto. Steh trotzdem schnell auf, es wird knapp.«

Blitzschnell und wortlos – wie die Techniker in der Box eines Formel-Eins-Fahrers – tauschen wir unsere Pyjamas gegen Klamotten. Ausnahmsweise macht Maja keine Bemerkungen zu den Klamotten, die ich ihr in zehn Sekunden aus dem Schrank rausgesucht habe. Jetzt noch schnell zwei Brote mit Butter und Feigenmarmelade schmieren, in die Brotbox – und los geht's: die Treppe runter, zu unserem Auto.

7:50 Uhr. Jemand hat uns zugeparkt. Ich fluche still in mich hinein. Zum Glück kommt in diesem Moment eine Frau aus dem Nebenhaus. Sie zieht einen Koffer zum Wagen, der unsere Abfahrt verhindert, und steigt ein. Wir sind erleichtert, ich starte den Motor. Aber was macht die Frau? Sie sitzt in dem Wagen, einem dicken SUV, aber sie fährt nicht los, macht noch nicht einmal das Licht an. Ich signalisiere vorsichtig und kurz mit der Lichthupe: »Hallo! Wir wollen raus aus der Parklücke, fahren Sie doch ein Stück vor oder zurück!« Keine Reaktion.

Maja: »Was macht sie da?«

Ich: »Das würde ich auch gerne wissen.«

Maja: »Vielleicht wartet sie auf jemanden?«

Ich: »Aber wieso warten, die hat uns doch gesehen!«

Da uns die Zeit davonfliegt, draußen Minusgrade herrschen und ich um diese Uhrzeit generell nur ungern mit Menschen spreche, versuche ich zu manövrieren. Ein Stück vor, ein Stück zurück, ein Stück vor, ein Stück zurück. Schließlich kommen wir nach zwanzig Mal vor- und zurückfahren irgendwie raus aus der Parklücke – und die Frau schaut von ihrem SUV-Thron auf uns herab, als wären wir vom Himmel gefallen. Ich drücke kurz und genervt auf die Hupe, mehr Zeit zum Aufregen haben wir nicht.

Wenige Minuten später halten wir vor der Schule und sehen, wie die Kinder schon mit den Lehrern die Treppe zu ihren Klassenzimmern hochsteigen. Kurze Verabschiedung, Maja rennt los.

Als ich wieder in unsere Straße einbiege, kann ich es nicht fassen: Die SUV-Frau, die mit ihrem dickem Wagen so parkt, als gehöre ihr das ganze Viertel, hat sich nicht vom Fleck gerührt.

Wenn mich etwas nervt, dann sind das rücksichtslose Menschen, die sich benehmen, als seien sie alleine auf der Welt. Meine Lust, trotz der frühen Uhrzeit zu sprechen, steigt von Meter zu Meter.

»Vorsicht, Danko, du bist hier nicht auf dem Balkan«, sagt mir eine innere Stimme, »bleib cool!«

Doch wie reagiert man hierzulande in solchen Situationen? Ein wütender Deutscher mit Humor würde vielleicht so beginnen: »Oh, Sie meditieren hier ja immer noch, gnädige Frau!« Der zweite Satz würde – unabhängig vom Humorquotienten – den Ärger auf den Punkt bringen: »Was soll das? Das ist Nötigung, ich werde Sie jetzt anzeigen!«

Anders auf dem Balkan – dort würde es in so einer Situation direkter und emotionaler zugehen. Zum Beispiel so: »Pa jebote ti još uvek čačkaš pičku kozo jedna. Jebem ti sve po spisku!« Wenn ich aber der SUV-Frau auf Deutsch sagen würde: »Bist du immer noch am Masturbieren, du Schlampe? Ich ficke dich und deine ganze Familie! Hast du mich verstanden?«, würde sie sicher rot im Gesicht anlaufen, sich in die Hose machen, mich für einen Vergewaltiger mit Migrationshintergrund halten und sofort verschwinden. Oder – was wahrscheinlicher ist – sie würde sich im Wagen verbarrikadieren und sofort die Polizei rufen. Auf dem Balkan müsste ich wahrscheinlich mit einer ganz anderen Reaktion rechnen: »Ma šta hoćeš bre drkadžijo, pa nisam ti ja kriva što ne znaš da voziš to govno od auta!« – »Was willst du denn, du Wichser? Ich kann nichts dafür, dass du mit deinem Scheißauto nicht richtig fahren kannst!«

Während die verschiedenen Dialog-Optionen durch meinen Kopf gehen, lass ich meinen Wagen direkt neben ihrem zum Stehen kommen. Ich öffne mein rechtes Fenster.

Ich: »Guten Morgen.«

Sie: »Guten Morgen?«

Ich: »Meine Tochter lässt Sie grüßen.«

Sie: »Ihre Tochter?«

Ich: »Ja, meine Tochter, die Ihretwegen eben zu spät zur Schule gekommen ist.«

Sie: »Wie meinen Sie das? Ich kenne Ihre Tochter doch gar nicht.«

Ich: »Sie wollten uns eben nicht aus unserer Parklücke rauslassen.«

Sie: »Oh, das tut mir leid, ich habe Sie nicht gesehen.«

Ich: »Kein Problem. Kann ja mal passieren. Haben Sie noch einen schönen Tag.«

Sie: »Gleichfalls, auf Wiedersehen.«

Manche meiner Balkanfreunde wären von meiner Reaktion sehr enttäuscht oder zumindest überrascht. Andererseits wäre meine Mutter wahrscheinlich stolz, dass ich nicht wie ein Macho-Balkanese ausgerastet bin.

Als ich wieder in der Küche unserer Wohnung sitze, überlege ich: Warum habe ich so reagiert? Bin ich jetzt etwa »zivilisierter« oder gar deutscher als vor zwanzig Jahren? Ich weiß es nicht. Ich weiß nur, dass ich beide Welten und Streitkulturen gut kenne. Wahrscheinlich hat der Alltag zwischen Deutschland und dem Balkan in meinem Hirn eine Art Dialog-App installiert. Eine Dialog-App, die mir hilft, je nach Situation zu entscheiden, ob ich der »böse Balkanese« bin – oder der charmante Junge mit Akzent.

Jürgen und das kleine Mofa

Du wachst auf und liegst auf dem Boden, obwohl du im Bett eingeschlafen bist. Oder du willst zur Arbeit fahren, aber dein Auto steht ohne Räder auf vier Holzbalken. Das hört sich vielleicht nach einem Albtraum an, kann aber auch bittere Realität sein – und zwar dann, wenn du Jugo-Freunde hast. Die Ex-Jugos sind nämlich Weltmeister im Streichespielen. Sie lieben diese Disziplin über alles, und das nicht nur am 1. April.

Auch hier in Deutschland kenne ich viele Ex-Jugos, die alles für einen gelungenen Gag tun würden. Dabei ist vollkommen egal, wie viel Zeit, Energie oder Geld sie investieren – sie tun alles, nur um das Gesicht eines veräppelten Freundes zu sehen. Besonders spannend wird es, wenn diese Vorliebe an Nicht-Balkanesen getestet wird, die unsere Freude am Veräppeln gar nicht kennen. Mein kroatischer Freund Goran aus Dortmund ist ein stark ausgeprägtes Exemplar dieser Jugo-Streichkultur.

Goran hat eine Kneipe – oder besser gesagt: einen Club, in dem man Tango und Salsa tanzt. Im Sommer organisiert er aber auch gelegentlich internationale Tanzkurse in seinem Heimatort Rastoke in Kroatien. Ein idyllischer Ort wie aus dem Märchen, der an mehreren Flüssen und Wasserfällen liegt. Zwischen zwei Wasserfällen hat Goran ein Tanzpodest aus Holz gebaut, auf dem seine Tänzer aus Deutschland Salsa und Tango lernen können. Zwischendurch kocht er etwas für sie und macht Rafting- und Canyoning-Touren. Ein Tanzurlaub mit Winnetou-Atmosphäre.

Im letzten Sommer hatte er unter anderem einen Jürgen aus Bochum in der Gruppe. Jürgen war eine echte Nervensäge, denn er hatte tausend Extrawünsche und immer etwas auszusetzen. Eines Tages fragte er Goran, ob er sich sein kleines Mofa leihen könne, um ein bisschen durch die Gegend zu fahren. Goran sagte: »Nema problema – pass bitte nur auf, dass dieses süße Mofa nicht geklaut wird. Schließ bitte immer ab und nimm den Schlüssel mit.« Jürgen versprach es und fuhr los.

Drei Stunden später, als Goran mit seinem Bus einige weitere Kursteilnehmer am Bahnhof abholen wollte, sah er auf dem Weg dorthin sein Mofa am Straßenrand stehen, neben einem kleinen Laden. Als er feststellte, dass es nicht abgeschlossen war und der Schlüssel steckte, lud er es schnell in seinen Bus und brachte es nach Hause zu seiner Mutter. Wenige Minuten später rief Jürgen bei Goran an und sagte total aufgeregt: »Goran, dein Mofa wurde mir eben geklaut!« – »Erzähl keinen Blödsinn, das ist nicht lustig«, sagte Goran und legte auf.

Eine Minute später klingelte es noch mal: »Hey Goran, ich schwöre dir, dein Mofa ist weg«, sagte Jürgen völlig außer sich. »Okay, okay, beruhige dich«, sagte Goran, »du hast aber den Motorradschlüssel sicher noch bei dir, oder?« – »Nein, leider nicht, ich hab den Schlüssel stecken lassen, ich wollte mir nur schnell ein Eis holen.« – »Und jetzt?«, fragte Goran. »Habe schon die Polizei angerufen«, sagte Jürgen stolz.

An dieser Stelle wäre für die meisten Menschen »Schluss mit lustig«, für Goran aber fing der Spaß gerade erst an. Da er einen Cousin bei der örtlichen Polizei hatte, rief er ihn an und erklärte, was passiert war. Die Polizei stellte ihre Suche ein, dafür wurde der Cousin von Goran in den Streich integriert. Er kam am nächsten Morgen in Begleitung zweier Kollegen in Uniform, um den armen Jürgen zu verhören. Für die Übersetzung war natürlich Goran zuständig. Ich weiß nicht genau, wie und was Goran übersetzt hat, aber nach diesem Vorfall wurde Jürgen zu einem der nettesten und hilfsbereitesten Menschen der Truppe. Er weiß bis heute nicht, dass Goran sein Mofa selbst geklaut hat und dass es immer noch sicher in seiner Garage in Kroatien steht.

Jedes Mal wenn Jürgen Goran trifft, fragt er ihn, wie sie die Sache nun regeln sollen. Goran sagt dann immer: »Wir warten noch ein bisschen ab. Vielleicht findet die Polizei das Mofa noch.« Ich bin gespannt, wie und wann Goran diesen Streich auflöst, und noch gespannter bin ich auf Jürgens Reaktion.

Der größte Jugo
unter den Deutschen

Vor jeweils einem Berg Tomaten und Gurken stand ein großer, bärtiger Mann mit Brille, in Arbeiterklamotten und Sicherheitsschuhen. Er hatte eine Küchenschürze an und trug einen weißen Kochhut auf dem Kopf.

»Hallo Danko, herzlich willkommen bei uns. Ich bin Karl-Heinz«, sagte der Chef, der gerne Küchenhilfe spielte. Er machte einen überaus sympathischen und lockeren Eindruck, und ich spürte, dass wir uns gut verstehen würden.

Es war der Sommer 2011, und ich war als Balkanizer an der Adria unterwegs: Ich wollte vier Sendungen mit deutschen Gästen produzieren, die in Kroatien arbeiten, leben oder immer schon dort ihren Urlaub verbringen. Ein Perspektivenwechsel, der mir interessant erschien.

Die erste Station war Nerezine, ein kleiner Fischerort auf der Insel Lošinj im Norden. Dort hatte Karl-Heinz zusammen mit einem anderen Kölner und einem kroatischen Freund vor einigen Jahren ein kleines, feines Hotel eröffnet. Nach unserer Begegnung in der Küche zeigte mir Karl-Heinz den Rest des Hotels, das Dorf, sein Haus – und auch seinen Gemüsegarten, auf den er besonders stolz war. Dann besuchten wir die lokale Werft, wo Karl-Heinz mit seinen Freunden einen hundertzwanzig Jahre alten Zweimaster namens »Nerezinac« restaurierte. Das Schiff, das vom kroatischen Kulturministerium angeblich als Kulturgut geschützt war, hatte Jahrzehnte halb versunken in einer Bucht gelegen, bis der Kölner kam und es rettete.

Karl-Heinz kannte jeden im Dorf, und alle kannten ihn, denn er kam schon seit Anfang der Achtzigerjahre auf die Insel. Damals war er Wirt und betrieb eine Szenekneipe in der Kölner Südstadt. Eines Tages kam eine Frau in seine Kneipe, die ihn ziemlich faszinierte. Sie wiederum interessierte sich gar nicht für ihn. Er erkundigte sich nach der mysteriösen Unbekannten, die ihm nicht aus dem Kopf ging, und erfuhr, dass sie Martina hieß und gerade auf der Insel Lošinj in Kroatien ihren Urlaub genoss. Also fuhr der junge Wirt aus Köln am nächsten Tag mit seinem Auto über tausend Kilometer bis Lošinj, nur um die Frau seines Lebens wiederzusehen. Er fand sie und verliebte sich endgültig in Martina. Aber auch in die Insel, die bald zu seiner zweiten Heimat wurde.

Diese Liebesgeschichte erzählte mir Karl-Heinz am Nachmittag in meiner Sendung »Balkanizer«, die wir auf der Bank vor seinem Hotel aufzeichneten.

Dabei erfuhr ich auch, wie Martinas Familie auf die Insel gekommen war. Martinas Vater wurde 1921 in der deutschen Kolonie Aleksandrovac in der Nähe von Banja Luka geboren. Die Familie seiner Mutter kam ursprünglich aus der Eifel und sein Vater aus dem heutigen Slowenien. Er war Kurschmied in der K.-u.-k.-Armee und ist in Aleksandrovac hängen geblieben. Martinas Vater kam 1939 als angeworbene Arbeitskraft nach Deutschland. Dort heiratete er Martinas Mutter. Sein Bruder blieb aber im ehemaligen Jugoslawien und verwaltete dort für eine Firma Ferienhäuser in Nerezine. Als die nördlichen Adriainseln, die im Zweiten Weltkrieg von Italien besetzt worden waren, wieder jugoslawisch wurden, standen viele Häuser leer. Die Italiener, aber auch die kroatischen Mussolini-Fans waren aus dem sozialistischen Jugoslawien abgehauen. Die Insel Lošinj wurde zur Sommerbasis von Martinas Onkel und zum Treffpunkt der Familie. Natürlich kam auch Martina von Geburt an jeden Sommer mit ihren Eltern zum Onkel auf die Insel.

Karl-Heinz interessierte sich sehr für Geschichte – für die der Insel, aber auch für die des Landes und der Region. Er kannte wahrscheinlich alle Bücher und alle Filme über das ehemalige Jugoslawien. Außerdem war er ein pfiffiger Netzwerker, der sich für die deutsch-kroatische Freundschaft einsetzte. Und das war unter anderem unser gemeinsamer Nenner. Ich war ein Balkanese in Deutschland – und er ein Deutscher auf dem Balkan. Beide mit der gleichen Mission: Geschichten erzählen und Menschen aus unseren beiden Heimaten zusammenbringen.

Nach dem Interview gingen wir noch etwas in der Kantine der Werft essen und ich genoss den besten Lammspieß meines Lebens, natürlich mit extra vielen Zwiebeln. Für den Abend hatte Karl-Heinz einen Vorschlag. »Hast du Lust auf ein klassisches Konzert?« – »Ja klar, warum nicht? Wo denn?« – »Im Nachbarort Osor. Dort findet jedes Jahr ein Festival der klassischen Musik statt, und ich hab von dem Festivaldirektor heute Morgen zwei Karten für das Eröffnungskonzert bekommen.« – »Gerne, solange ich die letzte Fähre nach Krk bekomme.« – »Ja, das schaffst du. Das Konzert fängt um zwanzig Uhr an und die letzte Fähre fährt um dreiundzwanzig Uhr, das passt schon. Gib mir kurz ein paar Minuten, damit ich schnell duschen kann, und dann fahren wir nach Osor und trinken dort vorher noch etwas.«

Als ich Karl-Heinz eine halbe Stunde später frisch geduscht am Hotel traf, hatte er seine Arbeitskleidung gegen einen feinen Anzug getauscht, ein Geschäftsmann im sommerlich-legeren

Outfit. Als ich in Osor die wunderschöne Kathedrale aus dem 15. Jahrhundert betrat, verstand ich, warum: Nur zwei Reihen vor uns saß der kroatische Präsident Josipović samt seiner Entourage, und ich fühlte mich in Jeans und Turnschuhen ein wenig fehl am Platz.

Das Konzert in diesem einmaligen Ambiente war jedenfalls sehr beeindruckend und wurde sogar im kroatischen Fernsehen übertragen. Ich fuhr mit der letzten Fähre zurück nach Krk und wusste: Diesen Karl-Heinz würde ich bestimmt bald wieder treffen – ohne zu ahnen, dass wir uns schon bald im Büro eines großen Kölner Hörbuchverlages gegenübersitzen würden.

Karl-Heinz war der Geschäftsführer dort und wurde schließlich mein Verleger, Berater und Freund. Ich zog mit ihm durch die Hallen der Leipziger Buchmesse, und er stellte mich vielen Leuten vor. Karl-Heinz interessierte sich als ehemaliger Musikverleger auch für Musik und besuchte Konzerte meiner Band Trovači. Als einer der Initiatoren von »Arsch huh«, einer antirassistischen Kundgebung in Köln, lud Karl-Heinz uns als einzige Düsseldorfer Band ein, zum zwanzigjährigen Jubiläum dieser Initiative in Köln zu spielen, vor achtzigtausend Menschen. Karl-Heinz war ein »Big Player«, der immer wieder am großen Rad gedreht hat. Trotzdem wirkte er irgendwie bodenständig und bescheiden und strahlte viel Liebe für seine Nächsten aus. Hinter der Bühne schmiedeten wir Pläne für die Zukunft: ein neues Buch, die nächste Lesetour und ein Segeltörn mit der »Nerezinac« von seiner bis zu meiner Insel – und zurück. Nur wenige Wochen später starb Karl-Heinz von jetzt auf gleich an einer schweren Krankheit.

Wie er es sich gewünscht hatte, wurde seine Asche in einer Bucht vor Lošinj in die Adria verstreut. In seiner zweiten Heimat. Dort, wo er sich Kraft und Inspiration für seine Projekte geholt hatte. Dort, wo sich jetzt seine Frau Martina um das Hotel »Televrin« kümmert. Dort, wo der bosnische Flüchtling Dragan seinen Gemüsegarten am Leben hält. Dort, wo seine deutschen Freunde ihren Urlaub verbringen. Dort, wo er viele Menschen zusammenbrachte.

Der Verleger, Hotelier, Bootsrestaurator, Netzwerker, Visionär, Humanist und Freund ist gegangen. Der größte Jugo unter den Deutschen. Der Mann, dem ich nichts erklären musste. Er wusste längst Bescheid, war immer einen Schritt voraus. Sein Geist und seine Liebe sind geblieben, und die kann man an jeder Ecke in Nerezine spüren. Und ich hoffe, auch in diesem Buch.

Don't happy, be worry

Belgrad, Sommer 1992. Das serbische Pop-Festival MESAM ist
in vollem Gange. Etwa viertausend Zuschauer lassen sich von
leichten Melodien und bunten Kostümen im Sava Centar unterhalten. Den größten Kinosaal der Stadt haben noch die Kommunisten in den Siebzigerjahren für Parteikongresse, Gipfeltreffen
der blockfreien Staaten und andere »wichtige« Veranstaltungen
gebaut. Gerade steht das Belgrader Popsternchen Bebi Dol auf
der Bühne. Der Künstlername ist Programm: Mit hohen Absät-
zen und noch höherer Stimme »singt« sie zum Vollplayback um
den ersten MESAM-Preis. Das serbische Fernsehen überträgt
das Spektakel live. Plötzlich betritt ein Mann die Bühne. Mitten im Lied trägt er Bebi Dol samt High Heels und Mikrofon
aus dem Scheinwerferlicht – so als sei sie eine Schaufensterpup-
pe, die im Weg steht. Die Sängerin und das Publikum sind geschockt, das Playback bricht ab. Der Mann reißt Bebi Dol das
Mikro aus der Hand, springt zurück auf die Bühne und sagt:
»Während ihr hier Spaß mit Musik habt, fliegen Bomben auf
Sarajevo und Tuzla. Ich will hier nicht die Wähler unterhalten.
Fickt euch!« Dann schmeißt er das Mikrofon weg und verlässt
die Bühne.

* * * *

Sechs Jahre zuvor: Belgrad, Sommer 1986. Kurz vor den Schulferien beschlossen meine Freunde und ich, das erste richtige Konzert unserer Band zu organisieren. »Richtig« hieß in diesem Fall, dass wir nicht bei einem Schulfest oder Schulwettbewerb auftreten würden, sondern auf einer echten Bühne außerhalb der Schule. Wir nannten uns »Amadis« nach einem mittelalterlichen spanischen Ritter und Liebhaber, den unsere Serbokroatisch-Lehrerin einmal im Unterricht erwähnt hatte. Dejan spielte Bass, Dušan Schlagzeug und Miša Keyboards. Ich war für Gitarre und Gesang zuständig. Wir waren ziemlich heiß auf eine große Popkarriere und spielten eigene Stücke in unserer Muttersprache – naiver Teenage-Pop-Rock. Da wir keinen festen Proberaum hatten, mussten wir abwechselnd in unseren Wohnungen proben, je nachdem wer gerade sturmfrei hatte. Natürlich waren nicht alle Nachbarn begeistert über die regelmäßigen Gratis-Konzerte, die durch die Wände drangen.

Nach den vielen Proben und den Schulpartys bekamen wir dank meines Vaters die Chance, unsere Musik in einem Tonstudio von Radio Belgrad aufzunehmen. Zusammen mit einem kurzen Interview wurden die Songs schließlich in einer Sendung für Nachwuchsbands gespielt. Wir waren im siebten Himmel, und obwohl wir noch nicht wirklich viel erreicht hatten, spazierten wir wie kleine Stars durch die Schule. Teenager eben.

Nun sollte uns das geplante Open-Air-Konzert im Sommerkino eines Sportzentrums in unserem Viertel noch weiter nach vorne bringen. Da der Direktor des Sportzentrums ein Freund unserer Eltern war, mussten wir für das schöne Amphitheater nichts zahlen, sondern lediglich die Beschallungsanlage mieten und uns um die Werbung kümmern. Unser Schulkamerad Sima bot an, den Manager der Band zu spielen, und wir sagten sofort zu. Nach wenigen Tagen wusste die ganze Schule Bescheid, Sima hatte überall Plakate geklebt. Die selbst gebastelten Konzertkarten hat er in den Pausen an die Schüler verkauft, für je dreihundert Dinar.

Mein Problem war, dass ich damals keinen eigenen Gitarrenverstärker hatte. Ich spielte immer über meine Hi-Fi-Anlage, bei der die überstrapazierten Lautsprecher schon aus den Boxen hingen. Sima versprach seinen Nachbarn Antonije zu fragen, ob er mir seinen Verstärker ausleihen würde.

Antonije war Anfang zwanzig und kam aus Herceg Novi, einer Küstenstadt in Montenegro. In Belgrad studierte er Tourismus, nebenbei träumte er wie meine Freunde und ich von einer Karriere als Rockstar. Er wohnte direkt neben Sima, in einem gemieteten Häuschen mit Garten. Alle Nachbarn kannten ihn. Das lag in erster Linie an dem Original-Marshall-Verstärker, mit dem er die Umgebung mit verzerrten Klängen aus seiner Telecaster-Gitarre beschallte. Doch Antonije war nicht nur ein lauter Musiker, er war auch ein Freak, der völlig aus dem Rahmen fiel. Sima erzählte uns zum Beispiel, wie sich Antonije einmal von allen Nachbarn einen Staubsauger geliehen hatte. Er wollte damit aber nicht zu Hause sauber machen, sondern eine Symphonie für achtundzwanzig Staubsauger komponieren. Alle lachten über ihn. Die Staubsauger-Symphonie hat er aber tatsächlich abgeschlossen und im Belgrader Studenten-Kulturzentrum aufgeführt. Antonije stand in der Mitte der Bühne an einem großen Strompult und schaltete die achtundzwanzig Staubsauger, die um ihn herum aufgestellt waren, ein und aus. Balkanavantgarde à la Stockhausen. Wie ernsthaft cool das war, das haben wir damals noch nicht kapiert. Wir fanden die Geschichte einfach bizarr und lustig. Und als mir Antonije seinen Marshall ausborgte, wurde er trotzdem zu meinem Held.

Kurz vor zwanzig Uhr versammelten sich bereits die ersten

Mitschüler vor dem Amphitheater. Wir waren gerade mit dem Soundcheck fertig und mussten uns schnell umziehen. Sima fummelte noch an der Lichtanlage herum, die nicht richtig funktionierte. Und wer sollte eigentlich die Tickets abreißen und die Leute reinlassen? Das hatten wir nicht bedacht. Und das konnte auf keinen Fall einer aus der Band machen, wir waren doch die »Stars«. Und für unseren Manager Sima war das auch nichts, denn Manager haben andere und viel wichtigere Verpflichtungen.

»Keine Panik, Leute, ich übernehme das!«, rief Antonije dazwischen, der zum Soundcheck gekommen war, um uns zuzuhören.

»Du würdest das wirklich machen?«, fragte Sima.

»Klar, wenn ich schon mal hier bin!« Antonije lächelte und ging zur Eingangstür.

Unser erstes richtiges Konzert wurde ein voller Erfolg. Wir spielten vor der ganzen Schule, vor unseren Eltern, Familien und Nachbarn – und das trotz des Fußball-WM-Halbfinales in Mexiko. Unsere Aufregung war groß, aber nach den ersten zwei, drei Liedern verschwand sie, denn unsere Schulfreunde feierten uns, als wären wir wirklich große Stars.

Am Montag danach war das Amadis-Konzert das große Thema in der Schule. Allerdings interessierten sich die Mädchen gar nicht so sehr für uns. Vielmehr bewegte sie vor allem eine Frage: »Wer war dieser komische Typ am Einlass?«

»Wieso, was hat er denn gemacht?«, fragte ich neugierig.

»Er hat jeder von uns die Hand geschüttelt und sich mit den Worten vorgestellt: ›Ich bin Antonije Pušić, und es freut mich sehr, dich kennenzulernen.‹«

Ja, das passt zu ihm, dachte ich.

* * * *

Zwei Jahre später: Belgrad, Frühling 1988. Ich saß mit meinem Vater zu Hause auf der Couch und zappte durch die TV-Programme. Die Auswahl war nicht groß: RTB 1, RTB 2 und RTB 3. »RTB« stand für Radio-Fernsehen-Belgrad. Plötzlich blieb ich beim ersten Programm hängen. Den Typen kannte ich doch! Das war doch Antonije Pušić, Simas Exnachbar. Er trug ein glitzerndes Goldsakko und sang. Na ja, eigentlich war es kein Gesang, eher eine Mischung aus Rap und Schreien. Damit machte er sich über die Volkssänger lustig, die immer mit einem unglaublich langen und unnatürlichen Vibrato sangen, als hätten sie Zahnschmerzen. Der Text war genauso verrückt wie das Outfit und die Stimme. Antonije erzählte von einem Außerirdischen, der etwas mit ihm gemeinsam hatte. Beide waren unglücklich in dieselbe Frau verliebt.

»Wer ist dieser Idiot?«, fragte mein Vater, als er merkte, dass ich nicht weiterschaltete.

»Das ist Antonije, Papa, der verrückte Montenegriner, der mir vor zwei Jahren seinen Verstärker geliehen hat.«

»Der ist wirklich verrückt, und der Fernseh-Redakteur, der ihn eingeladen hat, muss noch verrückter sein.«

Als das Lied zu Ende war, wurde Antonije als »Rambo Amadeus« abmoderiert. Rambo? Amadeus? Rambo Amadeus? Ich rief sofort bei Sima an. »Hey Mann, ich habe gerade Antonije im TV gesehen. Die haben ihn als ›Rambo Amadeus‹ angekündigt. Was läuft da?« – »Da staunst du, was? Er hat letzte Woche sein erstes Album bei Radio Belgrad veröffentlicht. Und Rambo Amadeus ist sein Künstlername. Du musst dir unbedingt die Platte besorgen! Auf einer Seite des Covers ist er oben ohne zu sehen, mit einem Maschinengewehr in der Hand, so wie Rambo eben. Und auf der Cover-Rückseite trägt er eine komische Perücke und Klamotten wie Mozart.« – »Oh Mann, der ist total durchgeknallt.« – »Er ist komplett irre. Und er nennt seine Musik ›Turbo Folk‹.« – »Turbo was?« – »Turbo Folk.«

Da wir mit Amadis inzwischen auch bei der Plattenfirma PGP von Radio Belgrad unter Vertrag waren, beschloss ich, mich dort ausführlicher über Antonije zu informieren. Seit unserem Open-Air-Konzert vor zwei Jahren hatte ich ihn nicht mehr gesehen, und ich wollte mir unbedingt seine Platte anhören. PGP war damals eine der wenigen Plattenfirmen in Jugoslawien. Major-Labels wie PGP gab es eine Handvoll, Indie-Labels gar nicht. Auf der Makedonska ulica im Stadtzentrum betrieb PGP einen großen Schallplattenladen, darüber befanden sich die Büros. Ich ginge hoch zu Đorđe – einem der PGP-Manager, mit dem ich sowieso noch über das erste Amadis-Album sprechen musste, das in drei Monaten auf den Markt kommen sollte. Doch weder Đorđe, noch eine Sekretärin waren da. Dafür saß an einem Schreibtisch in der Büro-Ecke ein junger, gut aussehender Mann mit halblangen, schwarzen Haaren in T-Shirt und Jeans, der mit zwei Fingern auf einer Schreibmaschine tippte. Es war Antonije. Es war Rambo Amadeus, der da saß.

»Hey Antonije, kennst du mich noch?«, fragte ich.

»Hi Mann, klar kenn ich dich noch. Wie geht's?«, antwortete er freundlich.

»Ganz gut, wir haben mit Amadis einen Vertrag bei PGP unterschrieben.«

»Glückwunsch! Ich bin hier auch unter Vertrag und tippe gerade einen wichtigen Antrag.«

»Was für einen Antrag?«

»Ich will meine Platte unten im Schaufenster selbst präsentieren, und das muss der Direktor hier höchstpersönlich genehmigen.«

»Unten im Schaufenster?«

»Ja, im Plattenladen. Ich werde dort sitzen, und Leute können mich wie ein Möbelstück oder eine Lampe beobachten und im Anschluss eine signierte Platte von mir kaufen.«

»Und wieso hast du dich Rambo Amadeus genannt?«

Antonije lachte. »Ich habe neulich einen furchtbar schlechten Volkssänger erlebt. Der Typ hieß Rocky Maradona und war völlig überzeugt von dem, was er macht. Und da dachte ich: Wenn ich im Showgeschäft etwas erreichen will, muss ich einen Namen wählen, der noch doofer ist als Rocky Maradona. Und der einzige Name, der noch bescheuerter ist als Rocky Maradona, ist Rambo Amadeus.«

* * * *

Vier Jahre später: Recklinghausen, Frühling 1992. Gerade hatte ich ein Päckchen von meinem Bruder Boris aus Belgrad bekommen. Anstatt uns gegenseitig Briefe zu schreiben, kommunizierten Boris und ich per Audiokassette. In neunzigminütigen Aufnahmen erzählten wir uns, was passiert war und was uns bewegte. Bei Boris waren meistens noch weitere dankbare O-Ton-Spender mit von der Partie: unser Vater, unsere Mutter, unsere Oma – außerdem Freunde und Nachbarn, die zufällig in der Nähe waren.

Diesmal lag in dem Päckchen neben der alten TDK-Kassette, die wir immer wieder neu überspielten und schon mehrmals zwischen Recklinghausen und Belgrad hin- und hergeschickt hatten, auch die neue Kassette von Rambo Amadeus. Es war bereits sein drittes Album, und er hatte es »Psihološko propagandni komplet M91« genannt – auf Deutsch übersetzt bedeutet das so viel wie »Set der psychologischen Propaganda M91«. Dieses Antikriegsalbum, auf dem Antonije eine scharfe soziokulturelle Analyse der jugoslawischen Realität lieferte, wurde in den kommenden Monaten zu meinem Exil-Soundtrack. Der Mann, der mir damals seinen Verstärker geliehen hatte, sprach mir aus der Seele.

Wenn Primitive und ungebildete Menschen an die Macht kommen, gibt es keinen Platz für Würde und Ehre,

Wie Scheiße durch die Kanalisation schwimmen Kommunisten durch die Privatisierung,

Ehemalige Generäle durch Demokratie, ehemalige Pazifisten durch Mobilmachung.

Hey, mein Freund, warum hast du meine Frau gefickt, als ich gestern an der Front war?

In Songtexten wie diesem beschrieb Antonije die Brutalität des Kriegsalltags auf eine sehr direkte und bisher nicht gehörte Art. Während die meisten seiner Kollegen in Serbien nach wie vor über die unglückliche Liebe und andere belanglose Themen sangen und sich so benahmen, als sei alles in bester Ordnung und als gebe es gar keinen Krieg in Kroatien und Bosnien, war Rambo Amadeus mit seiner Gitarre die letzte Abwehrkraft des gesunden Verstands und der Zivilcourage. Ein Humanist und Kämpfer für die Menschenrechte. Sein kurzer Auftritt 1992 auf dem MESAM-Festival mit Bebi Dol war nur eine seiner subversiven Aktionen gegen Krieg, Nationalismus und das Milošević-Regime. Seine Botschaft kam an, man hörte sie bis Slowenien im Norden und bis nach Mazedonien im Süden. Über Nacht wurde der Mann mit dem skurrilen Namen zum Helden für eine ganze Generation, die quer durch alle Nachfolgestaaten gegen Krieg und gegen Nationalismus eingestellt war. So wurde der schräge Montenegriner aus unserer Nachbarschaft zum zweiten Mal mein Held, diesmal ein richtiger: Er hatte den Mut zu bleiben und gegen den Strom zu schwimmen, und er hatte die Eier, »Nein« zum Krieg zu sagen und Mensch zu bleiben. Für mich –

weit weg im Exil – war er die letzte Hoffnung, dass doch nicht alle verrückt geworden waren in meiner alten Heimat.

* * * *

Sechs Jahre später: Belgrad, Winter 1998. Wie jedes Jahr verbrachte ich die Weihnachtsferien bei meinen Eltern in Belgrad. Der Krieg war vorbei. Aber Milošević war noch da. Serbien stand unter Sanktionen, völlig isoliert vom Rest der Welt. An jeder Ecke in Belgrad verkaufte man in Cola- und Fantaflaschen geschmuggeltes Benzin. Die manipulierten Medien präsentierten täglich Verschwörungstheorien. Demnach war die ganze Welt gegen Serbien, das bloß versucht hatte, das alte Jugoslawien zu »retten«. Viele meiner Belgrader Freunde waren wie ich ins Ausland geflüchtet. Die, die geblieben waren, hatten lange studiert und lebten noch bei ihren Eltern. Niemand hatte einen Job, niemand hatte Geld – und keiner hatte Hoffnung, dass sich diese Situation in naher Zukunft bessern würde.

An einem Abend verabredete ich mich mit meinem Freund Renči. Er ist ein Künstler, der damals mit seiner Mutter auf der Straße Unterwäsche verkaufte, um über die Runden zu kommen. Wir trafen uns im Belgrader Studenten-Club KST, um uns ein Konzert von Rambo Amadeus anzusehen. Es war bereits ziemlich voll, alle rauchten, und der DJ spielte Chill-out-Musik. Ich war neugierig, Antonijes Band nach knapp zehn Jahren wieder zu hören und ihn nach so langer Zeit wieder zu sehen. Er hatte oft die Musiker gewechselt, aber er mixte weiterhin die Genres und improvisierte auf der Bühne. Seine Texte blieben sozialkritisch und nicht unbedingt jugendfrei. Er war die postjugoslawische Mischung aus Frank Zappa und Helge Schneider. Immer aktuell und unberechenbar – so auch an diesem Abend.

Die Band spielte Funk Fusion auf einem hohen Niveau, und Antonije gab sich wie erwartet: verrückt, scharfzüngig und direkt. Nach zwei Stunden in dem schweißtriefenden Raum verließ er die Bühne. Das Publikum wollte mehr und er präsentierte als Zugabe Bobby McFerrins Hit »Don't worry, be happy«. Aber in seiner Version auf Serbisch, mit dem englischen Refrain: »Don't happy, be worry.« Auf eine lustige Art und Weise sang er über die serbische Realität, die alles andere als lustig war.

Danach stand ich draußen mit Renči, und wir unterhielten uns über das Konzert. Plötzlich verließ ein VW-Kombi das Club-Gelände. Am Steuer saß Antonije, und ich hob spontan meinen Daumen wie ein Tramper. Das Auto blieb stehen, und Antonije kurbelte sein Fenster herunter. »Wohin?« – »Nach Dorćol. Erinnerst du dich an mich?« – »Nein, aber das ist egal. Komm rein, wir fahren in deine Richtung!«

Ich verabschiedete mich schnell von Renči und stieg ein. Im Auto saßen neben Antonije noch zwei Frauen – die eine vorne neben ihm, die andere hinten neben mir. Aus irgendeinem Grund setzte ich die Konversation über unsere gemeinsame Vergangenheit nicht fort. Wir stellten uns auch nicht gegenseitig vor, stattdessen betrieben wir Small Talk:

»Wo wohnst du in Dorćol?«

»Ganz unten an der Donau.«

»Wir können dich bis Kalemegdan mitnehmen, denn wir fahren auf die andere Seite, Richtung Neu-Belgrad.«

»Okay, das passt. Vom Kalemegdan-Park brauche ich nur fünf Minuten bis nach Hause.«

»Und wie fandst du das Konzert?«

»Sehr gut. Du hast inzwischen wirklich die beste Combo der Region. Von deinem gesellschaftlichen Engagement ganz zu schweigen. Respekt!«

»Danke, Mann! Und was machst du so beruflich?«

»Ich bin noch Student. Lebe in Düsseldorf.«

Daraufhin meldete sich die Frau neben Antonije zu Wort: »Düsseldorf, wie cool! Meine Cousine Jaca lebt auch dort. Kennst du sie?«

»Nein, Jaca kenne ich nicht.«

»So, da wären wir«, sagte Antonije, als wir am Kalemegdan-Park angekommen waren.

Ich gab ihm von hinten die Hand und sagte: »Ich bin übrigens Danko Rabrenović. Vielleicht erinnerst du dich. Band Amadis, 1986.«

Antonije reagierte sichtlich überrascht: »Hey Mann, wo warst du die ganze Zeit?«

»In Deutschland, seit 1991.«

»Warte!« Antonije nahm Zettel und Kugelschreiber und notierte seine Telefonnummer. »Melde dich nächstes Mal, wenn du wieder in Belgrad bist, oder ruf mich zwischendurch an und frag nach meiner Gesundheit!«

Wir lachten, ich verabschiedete mich von den Frauen und stieg aus.

* * * *

In den nächsten Jahren traf ich Antonije immer wieder – in unregelmäßigen Abständen und an verschiedenen Orten: Belgrad, Zagreb, Berlin, Köln, Dalmatien. Überall, wo er spielte und ich zufällig, oder genau deswegen, auch war. Rambo Amadeus – der »Welt-Mega-Zar«, wie er sich nun nannte – wurde in der ganzen Region zum Kultmusiker. Er war der erste Künstler aus Belgrad, der nach dem Krieg nach Slowenien, Kroatien und Bosnien und Herzegowina eingeladen wurde. Die jungen Menschen aus den

Nachfolgestaaten Jugoslawiens liebten seine Musik, schätzten aber auch sein Antikriegsengagement, durch das er sogar zum UNICEF-Botschafter wurde.

Heute wirkt es wie eine Ironie des Schicksals, dass der von Rambo Amadeus Ende der Achtzigerjahre kreierte Begriff »Turbo Folk«, mit dem er sich eigentlich über die Trends in der Volksmusik lustig machen wollte, ausgerechnet von dieser Szene für passend befunden und übernommen wurde. Turbo Folk – das war und ist eine aggressive Mischung aus Volks- und Techno-Musik, bei der Synthesizer, Drumcomputer und E-Gitarren eingesetzt werden. Billige und schnelle Produktionen mit kitschigen und niveaulosen Texten. Das Schlimme daran: Turbo Folk hat sich von den Anfängen im Serbien der Neunzigerjahre bis heute zur absolut dominierenden Musikrichtung auf dem Balkan entwickelt. Ex-Jugoslawien, wiedervereint im schlechten Musikgeschmack.

* * * *

Belgrad, Frühling 2012. Ich war mal wieder zu Besuch und renovierte gerade mit Freunden unsere Wohnung. Nachdem das montenegrinische Fernsehen Rambo Amadeus überraschend zu seinem Kandidaten für den Eurovision Song Contest in Baku nominiert hatte, sollte ich außerdem für den WDR mit Antonije ein Interview über den ESC aufzeichnen. Praktischerweise zeichneten wir das Interview bei mir zu Hause auf. Danach standen wir auf dem Balkon, tranken Tee und schauten auf die Donau.

»Weißt du, was das Beste an dieser Aussicht ist?«, fragte Antonije. Ich blickte ihn fragend an – und er fuhr fort: »Wenn du hier runterschaust, weißt du nicht, wo du bist. Das könnte überall auf der Welt sein.«

Tatsächlich sieht man von unserem Belgrader Balkon nichts Belgradtypisches. Nur den Fluss und einen kleinen Wald gegenüber, außerdem links in der Ferne die Lichter der Altstadt von Zemun und ein paar Kilometer rechts eine Brücke, die nach Pančevo führt. Antonije verliebte sich auf Anhieb in die Wohnung meiner Familie, in der schon lange keiner mehr von uns wohnte. Boris und ich lebten in Düsseldorf, unsere Mutter war nach dem Tod unseres Vaters in ihre Heimatstadt Zagreb zurückgekehrt. Zwischenzeitlich hatten wir die Wohnung vermietet. Nun bekam sie einen neuen Anstrich und einen frisch lackierten Parkettboden verpasst, und danach mussten wir uns entscheiden: Wollen wir verkaufen, wieder vermieten oder die Wohnung einfach leer stehen lassen und nur bei unseren Besuchen in Belgrad nutzen?

* * * *

Zwei Jahre später: Belgrad, Ostern 2014. Auf ein neues Familienmitglied folgt zwangsläufig eine Reise in die alte Heimat, um den Familienzuwachs den dortigen Verwandten vorzustellen. In diesem Fall: unsere Tochter Ana, dreizehn Monate alt. Gegen Mittag holte mein Cousin Vuk meine Frau, meine beiden Töchter und mich vom Flughafen ab. Später sollte sich die ganze Familie bei seinen Eltern zum Mittagstisch treffen. Damit wir unsere Koffer loswerden und uns kurz erfrischen konnten, brachte er uns erst mal zu unserer Wohnung nach Dorćol.

Wir klingelten, die Tür öffnete sich – und Antonije sagte lächelnd und mit einem Augenzwinkern: »Herzlich willkommen, fühlt euch wie zu Hause!« Inzwischen wohnte der »Welt-Mega-Zar« schon seit über einem Jahr in unserer Wohnung. Über die Osterfeiertage wollte er zu seinen Eltern nach Montenegro, und er bestand darauf, dass wir in dieser Zeit in unserer Wohnung wohnen würden. Er hatte extra für uns putzen lassen, doch sein künstlerisches Chaos konnte man nicht so einfach wegwischen. In jeder Ecke stand eine seiner Gitarren, und unter der Fensterbank sah ich seinen alten Marshall-Verstärker, den er mir 1986 geliehen hatte. Auf dem zusammengeklebten Tisch aus China lagen tausend Sachen: Papierkram, Plektrons, ein Laptop, Geldscheine, Münzen, CDs, Bücher. Dort, wo mein Vater immer gesessen und seine politischen Kommentare geschrieben hatte, saß jetzt Rambo Amadeus, trank seinen Erdbeershake und wartete auf das Taxi, das ihn zum Flughafen bringen sollte. Als Antonije sich für das leichte Chaos entschuldigte, sagte ich: »Don't happy, be worry.«

Hirtenrap

Živojin, den alle Žile nannten, war ein lustiger Kerl, der viel erlebt hatte und gerne Geschichten erzählte. Ich traf ihn Anfang
der Neunzigerjahre im Belgrader Korrespondentenbüro des
kroatischen Senders HTV. Ich war Student und jobbte als Ka-
meraassistent. Žile war etwa zehn Jahre älter als ich – und Kameramann. Wir verstanden uns blind und wurden schnell gute
Freunde.

Als der Krieg begann, landete ich in Deutschland. Das kroatische Fernsehen schloss sein Belgrader Büro, und Žile wechselte alle zwei Jahre von Sender zu Sender. Er war unter anderem
als Kameramann in Krisengebieten unterwegs, und gelegentlich drehte er auch für ausländische Sender. Jedes Jahr, wenn ich
in Belgrad zu Besuch war, traf ich Žile und seine Frau Bisa, und
wir hatten eine schöne Zeit. Wir gruben alte Anekdoten aus
unseren Erinnerungen aus und lachten viel.

Weniger schön war es, wenn mir bei meinen Belgradbesu-
chen klar wurde, dass es mir in Deutschland von Jahr zu Jahr
besser ging – Bisa und Žile und anderen Belgrader Freunden
jedoch immer schlechter. Milošević an der Macht, internationale Sanktionen, Isolation des Landes, keine Perspektiven für die
Menschen in Serbien. Als ich Silvester 2000 wieder mal in Belgrad war, spürte ich bei jeder Begegnung Unzufriedenheit und

Hoffnungslosigkeit. Die Leute, die mich seit Jahren überreden wollten, zurück nach Belgrad zu ziehen, sagten plötzlich: »Sei froh, dass du in Deutschland bist! Das hier ist kein Leben mehr.«

Auch Bisa und Žile waren deprimiert und schlecht drauf. Eines Abends saßen wir in unserer Belgrader Wohnung an der Donau und quatschten bis tief in die Nacht. Für ein paar Stunden vergaßen wir die graue Realität des Landes. Die Stimmung war unbeschwert und fast wie damals, als auch ich noch in Belgrad gelebt hatte. Als ich dann in die Küche ging, um noch etwas zum Knabbern zu holen, nahm ich spontan auch meinen Minidisc-Rekorder aus dem Rucksack heraus. Zurück im Wohnzimmer drückte ich heimlich auf die »Record«-Taste. Irgendwie hatte ich das Bedürfnis, diesen Moment mit meinen Freunden festzuhalten. Žile erzählte zum Glück wieder eine seiner fantastischen Geschichten. Es ging um ein Restaurant, das er irgendwo tief in der serbischen Provinz entdeckt hatte. Žile zitierte die komplette Speisekarte. Die Gerichte trugen Namen, die seltsam schief und veraltet klangen, zum Beispiel »Lämmerpfoten auf Hirtenart«. Wir lachten uns kaputt.

Zu Hause in Düsseldorf hörte ich mir die Aufnahme an und merkte, dass Žile seine Restaurantgeschichte in einem gleichmäßigen Rhythmus erzählt hatte – so als wäre es ein Rap. Ich beschloss, ein Lied daraus zu machen und Žile zu überraschen. Am Computer bastelte ich einen Beat und legte seine Stimme drüber. Mein Bruder spielte die Gitarre ein, und ich fügte noch etwas Bass und Keyboards dazu. Fertig war der Hirtenrap! Bisa wurde unsere Komplizin und schickte uns ein paar Fotos von Žile für das Cover der »Hirten-CD«. Unsere Wahl fiel natürlich auf das hässlichste Foto. Žile guckte leicht betrunken und etwas doof aus der Wäsche, er lächelte und zeigte dabei seine goldene Zahnkrone. Das sah fast so aus wie bei einem Turbo-Folk-Sänger, und deswegen tauften wir ihn für die CD auf den Namen »Žile Kitić«, inspiriert von einem Turbo-Folk-Star namens Mile Kitić. Der Familienname Kitić passte sonst auch perfekt zu Žile, weil Kitić höchstwahrscheinlich vom Verb »kititi« – auf Deutsch: »schmücken« – kommt. Und da Žile seine Geschichten immer ordentlich ausschmückte und sie jedes Mal ein bisschen anders erzählte, hatten wir mit Bisa schon immer gescherzt, dass er ein echter »Kitić« ist.

Ein Jahr später, als ich wieder in Belgrad war, wollte ich die »Hirten-CD« von Žile Kitić endlich meinem Freund Živojin alias Žile übergeben. Allerdings nicht einfach so bei der ersten Begegnung. Immerhin hatten Boris und ich zwei Wochen lang an dem Song gebastelt. Das Cover hatte Boris erst in der letzten Nacht vor der Reise fertig gemacht. Damals war die Belgrader Fußgängerzone Knez Mihajlova voll mit Kiosken, die CDs verkauften. Und da ich bei jedem Belgradbesuch ohnehin CDs für die Südosteuropa-Redaktion des WDR kaufte, dachte ich: Das ist genau die richtige Stelle für die Übergabe meiner Überraschung. An dem Tag, als ich mit Bisa und Žile abends gegen acht im Zentrum verabredet war, kam ich eine Stunde früher und ging zu einer der CD-Buden.

Ich: »Guten Abend. Ich möchte gerne einen Haufen CDs bei Ihnen kaufen, gleichzeitig möchte ich Sie um einen kleinen Gefallen bitten.«

Der Verkäufer: »Kein Thema. Schieß los!«

Ich: »Ich habe für einen Freund eine CD gemacht und will ihn gleich damit überraschen. Können wir die CD irgendwo unter den Turbo-Folk-CDs platzieren?«

Der Verkäufer: »Kein Problem! Und was soll ich machen, wenn ihr kommt?«

Ich: »Einfach ganz natürlich bleiben! Und dann müssen wir ein bisschen improvisieren.«

Der Verkäufer: »Improvisieren ist gar kein Problem, das mache ich schon mein ganzes Leben lang. Dieser Kiosk hier ist auch eine Improvisation, denn eigentlich bin ich Maschinenbauingenieur, finde aber seit Jahren keinen Job in meiner Branche.«

Ich suchte etwa dreißig CDs für die Redaktion raus und gab sie dem Verkäufer. Eine halbe Stunde später spazierte ich mit Bisa und Žile »rein zufällig« am CD-Kiosk vorbei.

Ich: »Hey, wartet mal kurz, ich will nur schnell checken, ob es hier etwas Interessantes fürs Radio gibt.«

Bisa: »Kein Problem, nimm dir Zeit.«

Žile, der mir sofort zum Kiosk folgte: »Soll ich dir was empfehlen?«

Ich: »Kannst du machen, aber bitte keinen Turbo-Folk – das spielen wir nicht.«

Links vor Žile standen die Turbo-Folk-CDs, rechts vor mir war die Pop-Rock-Abteilung. Žile blätterte durch die CDs und machte sich über die kitschigen Cover der Turbo-Folk-Stars lustig – bis er plötzlich mittendrin auf seine eigene CD stieß. Er sprang einen Meter nach hinten – so, als hätte er gerade einen Stromschlag bekommen.

Žile: »Biso! Biso, komm mal her! Das bin ja ich!«

Ich: »Wow, und deinem alten Freund erzählst du gar nicht, dass du jetzt auch noch Musik machst.«

Der Verkäufer: »Sie sind Žile Kitić? Das glaube ich einfach nicht.«

Ich: »Wie verkauft sich die CD denn so?«

Der Verkäufer: »Sie ist ein Bestseller!«

Ich: »Packen Sie mir bitte alles ein, was Sie noch von Žile Kitić übrig haben.«

Daraufhin gab mir der Verkäufer die volle Tüte mit den CDs, die ich vorher für den WDR ausgesucht hatte. Oben drauf packte er die von Žile Kitić. Ich bezahlte mit einem Haufen Dinar und bekam eine Rechnung. Žile beobachtete die Szene wie in Trance. Kein Wunder, denn sein Freund Danko kaufte gerade ein Dutzend CDs mit seinem Gesicht auf dem Cover, in der Fußgängerzone, mitten in Belgrad.

Wir lachten Tränen.

Žile, weil er nicht glauben konnte, dass er beim Herumstöbern in einem Belgrader Musikkiosk zufällig seine eigene CD entdeckt hatte. Bisa, die uns zwar das Foto besorgt hatte, aber weder das Lied gehört noch von der Übergabe gewusst hatte. Und der Verkäufer, der eindrucksvoll sein Improvisationstalent beweisen konnte.

Ich hatte natürlich extra noch einen Discman dabei und spielte Žile sofort sein Lied vor. Er war hin und weg. Am nächsten Tag rief er mich an und erzählte, dass seine Söhne Saša und Marko – damals acht und fünf – beim Hören der CD ausgeflippt waren. Sie gingen zu allen Nachbarn und schrien: »Guckt mal, unser Papa hat eine CD herausgebracht!«

Da der Gag ein Volltreffer gewesen war, wiederholten wir ihn auch mit anderen Belgrader Freunden. Und so bekamen auch Dejan, Gaja und Renči, die wir allerdings telefonisch aufzeichneten, eine eigene CD. Die Übergabe erfolgte ähnlich wie bei Žile an einer der Belgrader CD-Buden.

Saša, der kroatische Wolf

Ich weiß nicht mehr, wann genau ich Saša kennengelernt habe, aber es fühlt sich an wie eine Ewigkeit. Auf jeden Fall ist er einer der ungewöhnlichsten Menschen, die ich kenne. Ein gebürtiger Zagreber, der um die halbe Welt gereist ist, und zwar nicht als Tourist. Saša ist Fotoreporter und hat schon längere Zeit in Südafrika, Indonesien, Irak, China, Malaysia und Bangladesch gelebt. Sein Ritual: In jeder neuen Stadt, die er besucht, geht er erst mal auf einen zentralen Platz und jongliert mit Bällen. Das kann er richtig gut. Er macht das aber nicht, um etwas Geld zu verdienen. Vielmehr behauptet er, dass er eine neue Umgebung so am besten kennenlernte. Er jongliert. Beobachtet Menschen. Hört zu. Spricht mit Passanten. Und spürt den Puls der Stadt.

Momentan lebt Saša mit seiner französischen Frau Cyrille wieder im Irak. Beide sind Dozenten an einer amerikanischen Eliteuniversität im irakischen Kurdistan. Sie unterrichtet Journalismus und er Fotoreportage. Das tun sie aber nur im Wintersemester. Im Sommer sind sie immer auf unserer Insel und helfen Miha und Zoran in ihrem Fischrestaurant. Vormittags kümmern sie sich um deren Tiere. Auf Zorans kleiner Farm leben Esel, Hunde, Hühner und Ziegen. Spätnachmittags gehen Cyrille und Saša schwimmen. Nicht aus Spaß, sondern um Werbung für das Restaurant zu machen. Auf dem Rücken tragen sie kleine wasserdichte Taschen voll mit Flyern und Speisekarten. Damit schwimmen sie zu den Jachten, die in der großen Bucht vor dem Restaurant ankern. Cyrille ist zuständig für Französisch und Englisch sprechende Crews, Saša für alle anderen. Viele Touristen bekommen aber Angst, wenn sie ihn plötzlich im Meer hinter ihrem Heck auftauchen sehen. Saša ist ein dunkler Typ und trägt einen längeren Vollbart und ein paar Tattoos. Seine Begrüßung hat er dementsprechend angepasst: »Hallo, ich bin kein Terrorist und trage auch keine Bombe auf dem Rücken. Ich will Sie nur auf unsere heutigen Spezialitäten aufmerksam machen.«

Das kommt nach dem ersten Schock meistens gut an. Auch außerhalb des Wassers bewegt sich Saša den ganzen Sommer über barfuß. Meistens trägt er ein einfaches T-Shirt und einen Sarong, den er aus Indonesien mitgebracht hat. Dass er damit überall komisch angeguckt wird, ist ihm vollkommen egal.

Aber nicht nur sein Outfit macht Saša einzigartig. Er ist ein sehr warmer, bescheidener Mensch, der viel weiß und immer Ruhe und Liebe ausstrahlt. Manchmal erinnert er mich an die chinesischen Shaolin-Mönche, die ich als Kind in China so bewundert habe. Auch Saša lebte vier Jahre lang in China, wo er Fotojournalismus an einer Universität unterrichtete. In seiner Freizeit lernte er von chinesischen Meistern die Akupressur. Heute ist er selbst ein richtiger Meister in dieser alternativen Heilmethode. Im Sommer auf der Insel betreibt er zwischen seiner Beschäftigung mit Tieren und der PR-Tätigkeit für das Restaurant eine kleine Akupressurpraxis. Auch meine Mutter und ich lagen schon auf seinem Massagetisch. Er konnte unsere Beschwerden immer wegzaubern. Das Problem war aber, dass er nie Geld dafür nehmen wollte. Und das war nicht nur bei uns so. Saša nimmt von keinem Menschen mit Beschwerden Geld für seine Akupressur.

Höchstens von Touristen, die nach einer Entspannungsmassage fragen. Als ich ihn einmal gefragt habe, warum er in dieser Hinsicht so stur sei, antwortete er lächelnd: »Das ist mein bescheidener Beitrag, um den Geldfluss in dieser kapitalistischen Konsumwelt zu verlangsamen.« Dementsprechend nimmt er auch von Miha und Zoran kein Geld für seine Hilfe im Restaurant. Meistens nur eine Gegenleistung in Form von Nahrung. Geld verdient er ja an der amerikanischen Uni in Kurdistan.

Als ihn mein Nachbar Miljenko letztens fragte, wie er mit gutem Gewissen an einer amerikanischen Uni im Irak unterrichten könne, sagte Saša: »Das ist ganz einfach. Ich bin eine Art Trojanisches Pferd, denn was ich dort unterrichte, ist so was von antikapitalistisch und überhaupt nicht im Sinne meines Geldgebers. Es ist eine große Herausforderung für mich, den jungen Studenten kritisches Denken beizubringen.«

Im vorletzten Sommer besuchte mich mein verrückter Dortmunder Freund Goran auf der Insel. Wir saßen nachmittags auf der Restaurantterrasse von Miha und Zoran, tranken Kaffee und schauten aufs Meer. Auf einmal kam Saša mit Zorans Motorboot – vollgeladen mit Getränkekästen. Als er aus dem Boot ausstieg, selbstverständlich barfuß und in seinem Rock, begrüßten wir ihn kurz, und er verschwand schnell im Restaurant, um eine Schubkarre zu holen. Wir merkten, wie die Unterkiefer der beiden Frauen am Tisch nebenan runterklappten, als Saša vorbeiging. Da wir sie vorher auf Deutsch hatten reden hören, drehte sich Goran in ihre Richtung:

»Habt ihr den gesehen?«

Die eine Frau: »Wie bitte?«

Goran: »Na, soeben ist der kroatische Wolf an euch vorbeigelaufen!«

Die andere Frau: »Kroatischer was?«

Goran: »Kroatischer Wolf. Er lebt das halbe Jahr im Meer und das halbe Jahr an Land, und er jagt blonde Touristinnen. Passt gut auf euch auf!«

Die beiden Frauen schauten sich irritiert an und schmunzelten. Zoran und ich mussten uns beherrschen, um nicht jeden Augenblick vor Lachen zu explodieren. Goran wäre aber nicht Goran, wenn er nicht die Gelegenheit genutzt hätte, um auch Saša in Verlegenheit zu bringen. Er überzeugte Zoran und mich, gemeinsam Sašas Einkäufe auszuladen. Und während Saša wahrscheinlich noch auf der Toilette war, räumten wir das Boot leer. Als Saša mit der Schubkarre zurückkam, saßen wir schon wieder am Tisch.

Saša: »Hey Jungs, das ging aber schnell.«

Goran: »Was denn?«

Saša: »Ja, die Aktion mit den Getränken.«

Goran: »Meinst du etwa, wir waren das?«

Saša: »Wer denn sonst?«

Goran deutete mit seinem Kopf wortlos auf die deutschen Frauen, die, wie ich auf den zweiten Blick feststellen konnte, beide die Figur von Kugelstoßerinnen hatten. Saša wusste natürlich, dass Goran wie immer Blödsinn erzählte. Er wollte ihn aber überraschen, drehte sich um und ging zum Tisch der beiden Deutschen – natürlich ohne zu wissen, dass Goran ihn inzwischen zum »kroatischen Wolf« ernannt hatte.

Saša: »Thank you very much for your help.«

Die eine Frau: »Welche Hilfe?«

Saša zeigte auf die Getränkekisten.

Die andere Frau: »Sie sind aber ein ganz netter Wolf – und noch dazu ein naiver.«

Die korpulenten Damen aus Bayern hatten zum Glück Humor. Zoran, Goran und ich lagen am Boden. Saša und die deutschen Touristinnen lachten mit. Am Abend erzählte ich die Geschichte Nikica und Frde, und spätestens ab dem Tag danach nannte die ganze Clique Saša nur noch »hrvatski vuk« – »kroatischer Wolf«.

»Picaferaj« für Boris

Der bekannteste Sänger Kroatiens, Oliver Dragojević, singt regelmäßig auch in Deutschland. Meistens in überfüllten kroatischen Diskotheken, wo die Konzerte erst gegen ein Uhr nachts beginnen. Die jungen Kroaten im Publikum interessieren sich in der Regel gar nicht für die Musiker, die für dicke Gagen in der Diaspora auftreten. Die meisten sind da, um mit Freunden Party zu machen. Sehen und gesehen werden. Aus diesem Grund habe ich weder Oliver noch einen anderen Star aus meiner alten Heimat jemals in Deutschland auf einer Bühne gesehen. Unser Inselfreund Njoko, der in Olivers Band Bass spielt, hat meinen Bruder und mich schon mehrmals eingeladen, nach Frankfurt, Leverkusen oder Wuppertal zum Konzert zu kommen. Wir hatten immer eine neue Ausrede, aber mit der Zeit wurde es uns peinlich.

Ich kann nicht sagen, dass ich ein großer Fan von Oliver Dragojević bin. Dennoch hatte ich immer einen großen Respekt vor ihm. Immerhin singt er schon seit über vierzig Jahren, und seine Stimme ist einzigartig. Er hat zwar viele kommerzielle Schlager in seiner Karriere aufgenommen, aber auch ein paar Masterpieces. Dieser Typ aus Split ist ein Vollblutmusiker mit einem einmaligen Gefühl für Interpretation. Wenn ich seine Stimme höre, sehe ich die Adria.

Im Winter 2011 bekam ich eine SMS von Njoko. Er sei mit Oliver wieder in Deutschland unterwegs – für zwei Konzerte, eines weit weg in München und eines bei uns um die Ecke, in Wuppertal. Diesmal aber nicht in einer kleinen kroatischen Disko, sondern in einer bestuhlten Halle in der Universität. Das ist die Chance, Oliver endlich live zu erleben, dachten mein Bruder und ich. Ich bestätigte Njoko, dass wir kommen würden.

Boris, der genau wie ich beim Radio arbeitet, fragte Njoko, ob er mit Oliver vorab ein Telefoninterview für den WDR machen könne. Da er aber wusste, dass Oliver seit dem Krieg nicht mehr in Serbien gewesen war und die serbische Presse meidet, sagte er zu Njoko halb aus Spaß: »Aber bereite ihn darauf vor, dass ich Serbisch mit ihm sprechen werde.« Njoko lachte nur und sagte: »Das wird kein Problem sein.«

Am nächsten Tag bekam Boris eine SMS von Njoko: Oliver habe entschieden, ihm doch kein Interview zu geben. Warum, habe er nicht gesagt. Boris war enttäuscht, denn er ging davon aus, dass unsere Befürchtung, Oliver meide alles, was mit Serbien zu tun hat, der Grund für die Absage war. Ich versuchte ihn zu trösten: »Ach, wer weiß, vielleicht war er einfach schlecht drauf. Und wenn es tatsächlich mit diesem ganzen serbisch-kroatischen Wahnsinn zu tun hat, dann müssen wir das auch akzeptieren. Wer weiß, was in seinem Kopf vorgeht und welche Erfahrungen er im Krieg und danach gemacht hat. Ich kann mir auch vorstellen, dass er in Kroatien einem enormen Druck ausgesetzt ist. Er ist dort die absolute Nummer 1. Die Presse würde ihn vermutlich zerreißen, wenn er ein Konzert in Belgrad gäbe.«

»Ja, ja, das ist mir schon klar. Aber was habe ich damit zu tun? Ich arbeite doch nicht für Radio Belgrad, sondern für den WDR und ich wollte nur ein bisschen Werbung für sein Konzert in Wuppertal machen.«

»Vergiss es einfach. Wenn du keinen Bock mehr auf das Konzert hast, dann gehen wir halt nicht hin.«

»Nein, das ist doch Quatsch. Außerdem wollen wir Njoko
sehen und mit ihm etwas trinken.«

Am Tag des Auftritts in Wuppertal rief Njoko an: Der Veranstalter habe vergessen, für den Gitarristen der Band ein Effektgerät zu organisieren. Ob wir nicht helfen könnten? Nema problema. Das konnten wir.

Kurz vor dem Konzert trafen wir Njoko hinter der Bühne,
um ihm das gewünschte Effektgerät zu übergeben. Die ganze
Band begrüßte uns freundlich und bedankte sich. Boris stellte
das Effektgerät ab und Oliver kam auf ihn zu:

»Ich weiß nicht, wie wir dir danken sollen. Hast du einen
Musikwunsch?«

Boris: »Einen Musikwunsch?«

Oliver: »Ja, ein Lied, das ich heute Abend für dich singen
könnte.«

Boris: »Ja, auf jeden Fall. ›Picaferaj‹! Das ist mein Lieblings-
lied.«

Oliver: »Das ist von 1967. Meine erste Single. Aber das haben
wir seit mindestens zehn Jahren nicht mehr gespielt, sorry. Hast
du eine Alternative?

Boris: »Diese Ballade von dem neuen Album?«

Oliver: »Das ist auch ein schönes Lied, aber wir haben es leider nicht im Programm. Ich denke auch, für dieses Lied haben
wir heute Abend das falsche Publikum.«

Boris: »Gut, dann sing halt irgendwas für mich.«

Oliver wusste zwar, dass wir die »Belgrader Freunde« von
Njoko waren und dass er abgelehnt hatte, einem von uns ein
Radiointerview zu geben. Thematisiert haben wir das aber nicht.
Langsam wurde es Zeit für die Band, auf die Bühne zu gehen. In

der Halle bekamen wir gute Plätze – weit vorne, ziemlich mittig. Das Licht ging aus. Oliver und die Band betraten die Bühne. Ovationen.

Wir haben Oliver an diesem Abend in einem neuen Licht gesehen. Nicht nur, dass er auch live meisterhaft singt, er ist auch ein unglaublich witziger und selbstironischer Entertainer. Er brachte einen Gag nach dem anderen. Veräppelte dabei die Band und sich selbst. Die Sound-, Licht- und Videotechnik war extra für die beiden Deutschlandkonzerte aus Slowenien mit Lkws angeschleppt worden, und es hatte sich gelohnt. Ich habe selten einen so klaren, warmen und fetten Sound gehört. Oliver war großartig, und der ganze Saal sang alle seine Hits mit.

Zwischen zwei Songs, in der Mitte des Konzerts, sagte Oliver plötzlich: »Heute fragte mich ein Mann, ob ich nicht meine erste Single ›Picaferaj‹ für ihn spielen könnte. Das Lied ist sehr alt, und wir haben es sehr lange nicht mehr gespielt, aber wir versuchen es heute Abend. Nur für ihn.«

Boris stand auf, zog sein Smartphone aus der Tasche und machte ein Video. Wir waren baff. Oliver sang das Lied über den alten Leuchtturmwärter für Boris als Dankeschön. Er sang den vierundvierzig Jahre alten Song, als würde er es zum ersten Mal singen. Mit viel Liebe und Gefühl. Boris und ich bekamen Gänsehaut und feuchte Augen. Als das Lied zu Ende war, drehte sich Boris zu mir um und sagte:

»Scheiß drauf, nach dieser Nummer muss er mir niemals ein Interview geben.«

Wie ich mir einen Anzug
für Rod Stewart kaufte

Mein Kumpel Bojan: »Hey Danko, ich habe einen Job für Boris und dich!«

Ich: »Was für einen?«

Bojan: »Eigentlich ein ziemlicher Scheißjob, aber dafür ist er schlecht bezahlt.«

Ich: »Schieß los!«

Bojan: »Eine Agentur sucht Musiker, die Rod Stewart bei der Livesendung von ›Wetten, dass..?‹ begleiten. Vollplayback!«

Ich: »Ach du Scheiße!«

Bojan: »Ja, ich weiß, aber ich dachte, vielleicht habt ihr an dem Wochenende sowieso Zeit. Es ist hier in Düsseldorf, ein Katzensprung für euch, und zweihundert Euro sind zweihundert Euro.«

Ich: »Dürfen wir dann auch mit Thomas Gottschalk hinter der Bühne Gummibärchen essen?«

Bojan: »Ja, klar, das ist im Honorar mit drin.«

Wie krass, dachte ich. Offenbar waren die großen Popstars aus den USA und England im Ausland nicht mit eigener Band auf Promotour unterwegs. Wahrscheinlich war das zu teuer und zu schade für die Musiker, da es nur ein Playback war. Dabei könnte der alte Rod doch auch alleine den Mund aufmachen, während ein Medley seiner Hits von der CD läuft. Aber mit

Band sieht so ein TV-Auftritt wahrscheinlich authentischer und bunter aus. Dass es sogar Agenturen gibt, die für solche Gelegenheiten Musiker vermitteln, war mir jedenfalls neu. Bojan gab unsere Kontakte an die Agentur weiter und schon ging der Zirkus los. Wir bekamen das Playback per Mail als MP3 geschickt – mit dem Hinweis, die Lieder bis zum Tag der TV-Produktion einzustudieren. Einstudieren? Ist doch Vollplayback, kann doch jeder. Nein, nein, es sollte schon echt aussehen. Dresscode: komplett in Schwarz. Was uns Bojan natürlich verheimlicht hatte, war, dass wir für den dreiminütigen Auftritt mit Mr. Stewart drei Mal vor Kameras proben mussten. Zwei Mal am Freitag und eine komplette Durchlaufprobe am Samstag vor der Show. Im Klartext: ziemlich viel Warterei für drei Minuten zweifelhaften Ruhm.

Boris und ich kamen mit unseren Gitarren am Freitagnachmittag in die Messehalle, wo das »Wetten, dass..?«-Spektakel stattfinden sollte. Der Rest der »Band« war schon da, ebenso ein Mann und eine Frau von der Vermittlungsagentur.

»Was wollen die denn hier?«, fragte mich Boris.

»Keine Ahnung, wahrscheinlich kontrollieren, ob wir die Lieder richtig gelernt haben«, scherzte ich – und lag damit gar nicht so falsch. Das Agenturduo hat uns die ganze Zeit überwacht: Was wir machten, wo wir hingingen. Kein Schritt blieb unbeobachtet. In der Garderobe holten sie uns immer zwanzig Minuten vor der jeweiligen Probe ab, obwohl wir nur fünf Minuten bis zur Bühne brauchten. Rod Stewart selbst war natürlich bei den Proben nicht dabei, ebenso wenig wie die anderen eingeladenen »Wetten, dass..?«-Gäste. Claudia Schiffer, Alfred Biolek, Hape Kerkeling. Für sie sprangen einfach irgendwelche ZDF-Praktikanten als Doubles ein. Nur Thomas Gottschalk – der war echt. Und überraschenderweise überzeugte und faszinierte er Boris und mich als Entertainer und Vollblutprofi. Er war bei den Proben viel witziger und besser als in der Sendung. Wahrscheinlich, weil er den Gästedoubles für den Ablaufcheck nur politisch unkorrekten Mist erzählte.

Nach der ersten Probe wurde uns mitgeteilt, dass sich das Management von Rod Stewart neben einer E-Gitarre noch eine Pedal-Steel-Gitarre wünsche, da diese auch in der Originalband von Rod vertreten sei. Pedal-Steel, das sind diese Zupfinstrumente, die horizontal auf einem Gestell liegen und oft von Country-Musikern verwendet werden. Das Agenturduo schaffte es, von irgendwoher solch ein Instrument herbeizuzaubern, und fragte: »Wer von euch kann das Ding spielen?« – »Was gibt es da zu spielen? Es ist doch sowieso alles Vollplayback«, sagte ich und merkte sofort, dass die Agenturleute meine Bemerkung gar nicht witzig fanden. Also beschloss ich, Bojan zuliebe die Klappe zu halten, den Job professionell durchzuziehen, und bot mich als Pedal-Steel-Gitarrist von Rod Stewart an. Erfahrung mit so einem Instrument hatte ich keine, umso mehr freute ich mich auf den Sonntag nach der Show.

Nach der zweiten Probe kam das Agenturpärchen in die Garderobe, um unsere Auftrittsklamotten zu checken. Als sie meinen dunkelblauen Anzug sahen, meinten sie im Kanon: »Das ist aber nicht schwarz ...« – »Kein Problem, ich bringe morgen einen schwarzen Anzug mit. Alles wird gut.«

Vor der dritten Probe am Tag der Sendung kaufte ich mir noch schnell einen schwarz-schwarzen Anzug aus Cord, der mich genauso viel kostete, wie ich als Pedal-Steel-Gitarrist von Rod Stewart verdienen würde. Zweihundert Euro für rund fünfzehn Stunden Warten und Proben! Das ergab einen Stundenlohn von dreizehn Euro. Wer hätte gedacht, dass Musiker, die mit Rod Stewart auf der Bühne standen, so schlecht verdienten.

Als wir in der großen Samstagabendshow endlich dran waren, stand plötzlich auch Rod Stewart höchstpersönlich mit uns auf der Bühne. Komischerweise begrüßte er keinen von uns. Er nahm einfach das Mikrofon, und als das Playback losging, tat er so, als ob er singen würde. Vor ihm auf dem Boden lief auf einer Art Karaoke-Monitor sein Text – nur für den Fall, dass er sich an seine Welthits »Sailing« und »It's a heartache« nicht mehr genau erinnerte. Danach setzte er sich mit Gottschalk zu den anderen Stars aufs Promiplaudersofa, und wir hatten endlich Feierabend.

Eine Pedal-Steel-Gitarre habe ich seitdem nie wieder angefasst. »Wetten, dass..?« gibt es auch nicht mehr. Nur mein schwarzer Cordanzug hängt noch immer bei mir im Schrank. Der Anzug, den ich mir für Rod Stewart kaufte.

Wir spielen Fußball wie Balkanesen und gewinnen wie die Deutschen

Jeden Sonntag um zwölf Uhr spiele ich mit meinen Freunden Fußball auf den Düsseldorfer Rheinwiesen. Und das seit 1994. Angefangen haben wir mit einer ziemlich durchmischten Truppe, bei der auch Deutsche und andere Fußballfreunde mitgespielt haben. Inzwischen spiele ich nur noch mit Balkanesen. Das hat aber weder nationalistische noch rassistische oder sprachliche Gründe – es hat sich einfach so ergeben.

Die deutschen Fußballamateure auf den Rheinwiesen spielen gerne den großen »echten Fußball«, mit Torwart und großen Toren, die sie aus ihren Sporttaschen herauszaubern und aufbauen. Dabei tragen sie Leibchen und schreien »Sauber!«, wenn einem von ihnen ein guter Spielzug gelingt. Außerdem tragen sie teure Profischuhe, spielen lange und hohe Bälle und flanken, bis der Arzt kommt. Manchmal sind sogar eine eigens gesprühte Außenlinie, ein Schiedsrichter und mehrere Einwechselspieler mit von der Partie. Alles wie in echt.

Meine faule Balkanclique pflegt einen ganz anderen Fußball. Wir stehen auf kleine Tore ohne Torwart und spielen meist drei gegen drei oder im besten Fall vier gegen vier. Der letzte Mann ist Torwart, darf den Ball aber nicht in die Hände nehmen. Wir führen nur ungern Ecken aus und haben deshalb auch keine

Außenlinien. Meistens wird der Ball kurz und flach gespielt. So haben wir es auf dem Schulhof in Belgrad, Zagreb und Sarajevo gelernt. Wer damals den großen Fußball spielen wollte, musste verdammt gut sein und in einem der führenden Vereine wie Roter Stern oder Dinamo in der Jugendmannschaft kicken.

Die Leute, mit denen ich sonntags am Rhein Fußball spiele, kenne ich lange, und mit den meisten bin ich auch befreundet. Wenn man sich unter der Woche nicht sieht, weil man viel zu tun hat, um die Rechnungen bezahlen zu können, gibt es trotzdem eine Konstante: Am Sonntag trifft man sich am Rhein. Zu unserem Spielerstamm gehören: Siniša, Bojan, Smajo, Sara, Aco, mein Bruder Boris und ich. Manchmal kommen auch Mića, Igor, Zufer und Džaved vorbei. Aber niemals alle zusammen. Und niemals pünktlich. Siniša und Sara sind Künstler und haben zusammen an der Kunstakademie in Belgrad und später in Düsseldorf studiert. Smajo arbeitet als Sozialpädagoge in einer Grundschule, Aco ist Maschinenbauingenieur. Mića ist Zahnarzt, und Igor und Džaved arbeiten in der Gastronomie. Smajos Bruder Zufer hat eine kleine Baufirma. Bojan, mein Bruder und ich sind die Musiker in dieser ziemlich bunten Truppe, die ihre Wurzeln in allen Ecken des ehemaligen Jugoslawien hat.

Manchmal fragen uns auch deutsche Kollegen, die mannschaftslos über die Rheinwiesen schlendern, ob sie mitspielen dürfen. Natürlich haben wir noch nie Nein gesagt. Doch nach fünf Minuten beschweren sie sich meist, dass das Feld und die Tore zu klein seien und es daher unmöglich sei, ein Tor zu schießen. Doch wir schießen in den zwei Stunden in der Regel zehn bis fünfzehn Tore. Dabei sind wir keine wirklich tollen Fußballer und, wie wahrscheinlich alle Hobbykicker in unserem Alter, nur noch ein Schatten dessen, was wir als Teenager waren. Unsere Ambition, den richtig schnellen und schönen Fußball zu spielen, hält sich auch in Grenzen. Einmal in der Woche Zeit miteinander verbringen, ein bisschen Spaß zusammen haben und sich an der frischen Luft etwas ausschwitzen, darum geht's.

In jeder Pause erzählen wir uns gegenseitig, was wir in der Woche zuvor erlebt haben, geben uns Ratschläge und machen Witze. Oft kommentieren wir auch die Spaziergänger oder Frauen, die neben unserem Spielfeld in der Sonne liegen. Wenn die Sonne da ist. Wir haben nämlich schon vor Jahren abgemacht, bei jedem Wetter zu spielen. Als reine Sonnenscheinfußballer würden wir in Düsseldorf wahrscheinlich nicht mehr als zehn Sonntagsspiele im Jahr hinbekommen. Trotzdem haben wir oft Glück mit dem Wetter. Selbst wenn es vormittags nur regnet, kommt kurz vor zwölf wie auf Bestellung die Sonne raus, und wir haben optimale Fußballbedingungen.

Einmal haben wir gegen eine brasilianische Mannschaft gekickt. An dem Tag waren wir nur zu fünft und die Brasilianer ebenfalls – ideale Voraussetzungen für ein kleines Länderspiel. Wobei nicht ganz klar war, für welches Land wir eigentlich antraten. Aber das spielte in diesem Moment ohnehin keine Rolle. Wir waren viel zu sehr damit beschäftigt, den Gegner beim Warmmachen zu beobachten. Die Jungs aus Brasil hinterließen einen erschreckend professionellen Eindruck. Sie zauberten mit dem Ball hin und her wie Neymar, noch dazu waren sie im Durchschnitt mindestens zehn Jahre jünger als wir.

»Die werden uns vernichten«, sagte Siniša kurz vor dem Spiel.

»Ach was, wir zeigen denen gleich, wo der Hammer hängt!«, erwiderte Aco – unser bester Spieler. Wie es sich für einen echten Montenegriner gehört, ist er zwei Meter groß und hat Schuhgröße fünfzig. Weil er alle Bälle mit seinen langen Beinen hält, trägt er auch den Spitznamen »Aco Hobotnica« – oder auf gut Deutsch »Aco der Oktopus«.

Es ging los. Die Brasilianer ließen technisch versiert den Ball laufen, wirkten dabei jedoch ein bisschen überheblich. So als hätten sie bereits gewonnen. War ihnen aufgefallen, dass in unseren Reihen der eine oder andere mit Glatze und/oder den ersten weißen Haaren und/oder hängendem Ćevapčići-Bäuchlein auflief? Hatten sie uns deshalb unterschätzt? In jedem Fall gelang es uns irgendwie zunehmend das Spiel zu kontrollieren. Nach zwanzig torlosen Minuten beschwerte sich dann einer der Brasilianer, die Tore seien zu klein. Mein Bruder antwortete ganz locker: »Warte mal ab …«

Fünfzehn Minuten später stand es 4:0 für uns, und mein Bruder fragte nach jedem Tor: »Was hast du gesagt? Das Tor ist zu klein?«

Endstand war 7:1 für uns. Lustigerweise hat die deutsche Mannschaft ein Jahr später Brasilien bei der WM mit dem gleichen Ergebnis vom Platz gefegt. Auf einem großen Platz. Mit großen Toren. In echt.

Picknick oder Umzug?

Mitten in Düsseldorf, direkt um die Ecke, nur zwei Straßen weiter: Die neue Wohnung, in die mein Bruder Boris mit Frau und Sohn einziehen wollte, war schöner und praktischer und hatte im Gegensatz zur alten einen Balkon und eine Garage. Perfekt.

Da war nur ein Problem. Boris lief die Zeit davon, denn schon in der darauffolgenden Woche wollte er in den Sommerurlaub fahren, und der Umzug musste unbedingt noch vorher über die Bühne gehen. Am besten gestern. Die alte Wohnung lag in der dritten Etage, ohne Aufzug. Außerdem musste sie neu gestrichen werden. Boris wollte schon eine Umzugsfirma beauftragen, als unser Freund Goran und ich ihn überreden konnten, doch lieber unsere Freunde einzuspannen.

Am Tag des Umzugs trafen sich die Helfer vor der alten Wohnung: unsere Fußballclique, die Mitglieder unserer Band und ein paar weitere Freunde. Neben Boris und mir gehörten Bojan, Siniša, Aco, Atila, Gliša, Smajo, Saša, mein Schwager Boris und Srećko zum Umzugsteam – und natürlich Goran, der mit Milan die alte Wohnung noch am gleichen Tag streichen wollte. In der großen Altbauwohnung standen überall gestapelte Kartons, die mein Bruder und seine Frau Nina in den Tagen zuvor gepackt hatten. Diese vorbildliche Vorarbeit hat uns besonders gefreut, schließlich erinnerten wir uns noch ganz genau an die Umzüge von Smajo und Dejan. Ihre Wohnungen sahen am Umzugstag so aus, als hätten sie gar nicht die Absicht, umzuziehen. Das saubere Geschirr und die Gläser standen in den Küchenschränken, in der Spüle warteten ein paar schmutzige Teller, und bei Dejan kochte auf dem Herd sogar noch ein Topf mit Sarma. Auch die Tatsache, dass Smajo in den vergangenen zwanzig Jahren – ohne Übertreibung – mindestens achtzehn Mal innerhalb von Nordrhein-Westfalen umgezogen ist, änderte nicht viel an seiner Umzugsorganisation.

Boris überraschte uns alle mit seiner Disziplin und Logistik. Wir bildeten im Treppenhaus eine Kette, und die Kartons wanderten im Eiltempo aus der dritten Etage in den gemieteten Transporter, der vor dem Haus stand. Schon nach fünfzehn Minuten war der Sprinter voll. Ich fuhr mit Siniša und Aco los. Die anderen gingen zu Fuß. Goran und Milan blieben in der alten Wohnung, um Vorbereitungen zu treffen, damit sie dann bald mit dem Streichen beginnen konnten. An der neuen Wohnung funktionierte unsere Umzugskette noch schneller, und in null Komma nichts war der große Transporter leer geräumt.

Ich fuhr wieder zurück zur alten Wohnung. Auf der Straße vor dem Haus lagen vier Gardinenstangen. Sie waren mit einem Seil verbunden, an dem ein Zettel mit dem Hinweis »Umzug!« hing. Das konnte nur Gorans Werk sein. Er hatte Boris mit einem Gewinnerlächeln davon abgeraten, sich die teuren Halteverbotsschilder beim Straßenverkehrsamt zu mieten: »Du wirst sehen, ich habe dafür einen Trick!« Aco schob die Gardinenstangen zur Seite, und ich parkte den Sprinter in der von Goran reservierten Lücke. Oben in der Wohnung wartete schon die nächste Goran-Überraschung auf uns: In der Küche hing überall Rauch, und es roch nach gegrilltem Fleisch. Goran stand am

Küchenfenster. Vor ihm brutzelten auf der Fensterbank Würste und Rinderfilets auf einem großen Elektrogrill. »Du bist verrückt«, sagte Boris. »Wir müssen doch zwischendurch auch mal eine Kleinigkeit essen!«

»Aber ich wollte doch für alle Pizza bestellen.«

»Pizza? Guck mal hier!« Goran zeigte stolz auf sein Grillmenü. »Hausgemachte Würste und von mir höchstpersönlich marinierte Rinderfilets! Brot, Salat und ein paar Soßen habe ich auch mitgebracht. Was willst du mit Pizza?«

»Aber das ganze Besteck und die Teller sind doch schon in der neuen Wohnung«, versuchte ich Goran zu ärgern.

»Bei mir kannst du lernen, was gute Logistik ist!«, sagte Goran und zeigte auf eine große Tasche. Der Inhalt: Besteck und Teller für zwölf Personen. Wir legten sofort eine Pause ein und probierten Gorans Fleisch. Und wie immer, wenn Goran etwas zubereitete, war es extrem lecker.

»Erste Bundesliga!«, sagte Aco mit vollem Mund.

»Champions League!«, korrigierte Boris.

Dass es erst elf Uhr morgens war, fiel uns erst nach der Überraschungsmahlzeit auf. Schnell bildeten wir wieder die berühmte Kette und machten den Sprinter noch mal voll. Für die schweren Geräte wie Waschmaschine, Fernseher und eine Kommode aus vollem Holz waren Aco und Siniša zuständig, beide knapp zwei Meter groß und um die hundert Kilo schwer. Obwohl alles schnell und unproblematisch lief, schallten pausenlos Nörgelsprüche in unserer Muttersprache durch den Flur:

»Nein, nicht so – lieber so!«

»Und warum wieder die blöde Kette? Lass uns besser einzeln tragen!«

»Kann man diesen Schrank nicht doch auseinanderbauen?«

»Du hast keine Ahnung, wie das geht!«

Am frühen Nachmittag kamen die letzten Sachen in der neuen Wohnung an. Und als die meisten Helfer sich schon auf den Nachhauseweg machen wollten, kam der große Auftritt von der Frau meines Bruders: »Moment mal, ich habe etwas für euch vorbereitet.«

Sie trat aus der Küche und präsentierte einen Berg frisch gemachter Palačinke.

»Wann hast du das denn hingekriegt?«, fragte Boris.

»Ach, eben, als ihr drüben wart«, antwortete Nina.

Aco schaute fassungslos: »Sag mal, ist das heute ein Picknick oder ein Umzug? Ich kann nicht mehr: Erst macht uns Goran mit Fleisch platt, und jetzt gibst du uns mit Palačinke den Rest!«

Während wir die Balkancrêpes verputzten, bauten Boris und Atila das Bett zusammen. Die neue Wohnung von Nina und Boris sah kurz nach dem Einzug schon fast so aus wie die von Smajo und Dejan kurz vor dem Auszug. Unsere Freunde verabschiedeten sich. Boris und ich fuhren noch einmal in die alte Wohnung, um zu gucken, wie die Malerarbeiten vorangingen. Als wir in der leeren Wohnung standen, trauten wir unseren Augen nicht. Der Grill und das ganze Esszeug waren verschwunden und drei von vier Zimmern der Hundert-Quadratmeter-Wohnung bereits fertig gestrichen.

Boris: »Habt ihr das alles zu zweit geschafft?!?«

Goran: »Nein, Milan ganz alleine. Ich musste mich doch um den Abwasch kümmern.«

Ich: »Ihr seid total durchgeknallt!«

Goran: »Wir sind einfach bereit für die EU. Wir sind überfällig. Wir sind schon fast zu gut.«

Zwei Tage später konnte Boris die Wohnung problemlos an die Vermieter übergeben. Und drei Tage später lag er schon mit seiner Familie am Strand in Dalmatien. Sehnsüchtig warte ich seitdem auf den nächsten Umzug mit meiner Balkanclique. Wann das passiert, weiß noch keiner. Aber mit großer Wahrscheinlichkeit wird es der neunzehnte Umzug von Smajo sein.

Balkanstyle in Schwabenland

Was würdest du machen, wenn die Welt unterginge? – Ich würde meine Koffer packen – und dann ab nach Deutschland!

Dieser Witz macht es deutlich: Auf Deutschland ist Verlass, nicht mal der Weltuntergang kann diesem Land etwas anhaben. Ein Organisationsparadies auf Erden, in dem alles perfekt und pünktlich ist. So denken zumindest die meisten Balkanesen über meine neue Heimat. Und natürlich ist auch mir anfangs aufgefallen, dass hier einiges besser geregelt ist als auf dem Balkan. Viele Sachen waren mir auch komplett neu – von Ordnungsamt, Haftpflichtversicherung oder Mülltrennung hatte ich vorher noch nie etwas gehört.

Am meisten überraschte mich jedoch ein Nachbar, der jedes Jahr im Herbst verbissen gegen das herabfallende Laub kämpfte. In seiner Garage hatte er zwei rüsselähnliche Geräte deponiert. Natürlich gibt es in der deutschen Sprache auch für merkwürdige Geräte wie diese einen präzisen Namen. Mit dem Laubbläser konnte mein Nachbar die gelben Blätter vor seinem Haus wegpusten – auf die Straße oder zum Nachbarn. Und mit dem Laubsauger konnte er sie sogar aufsaugen. Ich war total baff, denn in meiner alten Heimat hat keiner etwas gegen Herbstlaub, geschweige denn, dass jemand auf die Idee käme, es zu sammeln und woanders hinzutragen. Dafür ist der Wind zuständig. In

175

Parks macht das vielleicht die Stadtreinigung, aber mit einer einfachen Schaufel und Besen. So eine kleine Maschine, die mit Benzin betrieben wird, würde bei uns keiner kaufen. Es hat aber vielleicht auch damit zu tun, dass wir hundert andere Probleme haben, als die Straße blätterfrei zu kehren.

Inzwischen habe ich mich an fast alles in Deutschland gewöhnt. Ich weiß, wofür das Ordnungsamt zuständig ist und wie die Mülltrennung funktioniert. Ich praktiziere sie sogar ganz selbstverständlich. Gleichzeitig habe ich über die Jahre allerdings auch gemerkt, dass nicht alles in Deutschland so perfekt funktioniert, wie es sich der Durchschnittsbalkanese vorstellt. Eine Restauranttoilette, die ohne Seife auskommen muss. Eine Straßenbahn, die ausfällt, weil die Stromleitung defekt ist. Ein komplettes Verkehrschaos, weil es – was für eine Überraschung – mitten im Winter einen Tag lang geschneit hat und das Streusalz ausgeht. Komischerweise gehen mir solche »balkanesischen Zustände« in meiner neuen Heimat inzwischen ganz schön auf den Senkel. Ich bin in dieser Hinsicht ziemlich deutsch geworden. Gleichzeitig fühle ich mich an meine alte Heimat Jugoslawien erinnert und beruhige mich dann relativ schnell wieder.

Neulich hat mich auch die Deutsche Bahn mit dem Balkanstyle überrascht. Und damit meine ich nicht die regelmäßigen Verspätungen auf allen möglichen Strecken. Manchmal ist da höhere Gewalt im Spiel, so etwas kann immer passieren. Nein, mit Balkanstyle beziehe ich mich auf die vier Mitarbeiter der Deutschen Bahn, die mir innerhalb von zwei Tagen vier verschiedene Preisauskünfte über ein und dieselbe Verbindung gegeben haben. Ich wollte für einen Zagreber Freund, der Angst vor dem Fliegen hat, eine Zugkarte von Zagreb nach Düsseldorf kaufen.

Die erste Auskunft bekam ich von einem DB-Mitarbeiter in Köln: In null Komma nichts bot er mir ein Hundervierzig-

Euro-Ticket für die einfache Fahrt Zagreb-Düsseldorf an, und zwar im Schlafwagen und mit einmal Umsteigen in München. Da ich meinen Freund nicht sofort erreichen konnte, um zu fragen, ob die Verbindung für ihn okay war, verschob ich den Ticketkauf auf den nächsten Tag. Nur einen Tag später kostete die gleiche Verbindung am Düsseldorfer Hauptbahnhof mit dem gleichen Zug zweihundert Euro – also sechzig Euro mehr als in Köln. Die Dame am Schalter erklärte mir, das Angebot vom Vortag sei wahrscheinlich nicht mehr vorhanden. Da sie aber im Vergleich zu ihrem Kölner DB-Kollegen wesentlich länger nach der Verbindung im Computer gesucht hatte, wurde ich misstrauisch. Ich zog noch eine Wartenummer und stellte mich erneut in die Schlange. Der nächste DB-Mitarbeiter brauchte noch länger, um mir eine Auskunft zu geben – fast so, als hätte ich nach einer Verbindung von Ulaanbaatar nach Düsseldorf gefragt. Dementsprechend war dann auch der Preis, den er mir nach etwa zwanzig Minuten mitteilte: dreihundertfünfzig Euro. Preisschwankungen wie an der Börse. Oder auf dem Balkan eben.

Als Nächstes versuchte ich mein Glück bei einem Reisebüro in der Nähe des Bahnhofs, denn manchmal haben Reisebüros bessere Deals mit der Deutschen Bahn als die Deutsche Bahn mit sich selbst. Die Frau im Reisebüro konnte mir jedoch überhaupt kein Angebot für die Strecke Zagreb–Düsseldorf unterbreiten, angeblich kam sie seit drei Stunden gar nicht mehr ins System rein.

Ich beschloss, mich noch einmal in die lange Schlange vor den DB-Schaltern im Bahnhof einzureihen – und hatte Glück. Die Dame, die mich nun bediente, fand innerhalb von wenigen Minuten das Angebot für hundertvierzig Euro wieder, inklusive Schlafwagen bis München. Jetzt konnte es mir nicht schnell genug gehen. Ich kaufte das Ticket sofort, eilte aus dem Bahnhof und rief direkt meinen Zagreber Freund an. Ich erzählte ihm die ganze Geschichte und er sagte einfach nur:

»Unfassbar, und die wollen in die EU?«

Meine Erlebnisse mit der Bahn sind nur ein Beispiel für eine Tendenz in Deutschland. Offenbar sinken in manchen Bereichen die Standards von einst. Rechtspopulisten würden es wahrscheinlich am zu hohen Ausländeranteil in der Gesellschaft festmachen: Wir machen das System langsam, aber sicher kaputt. Manche sprechen sogar von einer Balkanisierung des Landes. Nicht so wie ich. Die meinen das ernst und eher aggressiv. Ich persönlich habe keine Erklärung dafür, höre aber immer öfter von meinen Landsleuten, die schon in den Sechzigerjahren als Gastarbeiter ins Land gekommen sind: »Deutschland ist auch nicht mehr das, was es früher mal war.« Ein montenegrinischer Freund hat es dagegen so formuliert: »In Deutschland wird es immer schlechter und schlechter, es ist aber immer noch besser als woanders. Und die Straßen sind immerhin auch laubfrei.«

Deutschland: das Fell
des Leoparden

Einmal war ich mit meinem Bruder auf einer Party in Aachen, direkt an der Grenze zu Belgien. Wir haben dort Musik in einem Club aufgelegt. Gegen drei Uhr morgens, als die letzten Gäste die Tanzfläche verließen, haben wir unser Equipment ins Auto gepackt und sind losgefahren. Nach nur zweihundert Metern wurden wir von einer Polizeikontrolle aufgehalten. Ich ließ das Fenster runter und guckte freundlich in das Gesicht des Polizisten.

»Sprechen Sie Deutsch?«

»Sehe ich so aus, als würde ich kein Deutsch sprechen?«, antwortete ich leicht genervt.

»Weiß nicht«, sagte der Polizeibeamte, »immerhin haben Sie einen Akzent.«

»Ist das Ihr Ernst?«

»Führerschein, Autopapiere und Ausweise bitte. Von Ihnen beiden.«

Ich dachte, ich spinne. Anstatt mich zu fragen, ob ich Alkohol getrunken habe, fragt mich ein Polizist um drei Uhr morgens, ob ich Deutsch spreche? Und das, obwohl ich in meinem Auto mit Düsseldorfer Kennzeichen unterwegs bin. Mit Janosch-Sonnenschutz für die Kinder.

Nach der fünfminütigen Funküberprüfung unserer Identitäten kam der Polizist wieder und sagte: »Steigen Sie bitte aus und öffnen Sie den Kofferraum!«

Als die Beamten dort weder eine Bombe noch Flüchtlinge aus Nordafrika fanden, gab er mir meine Papiere zurück und sagte: »Wir wünschen Ihnen eine gute Weiterfahrt.«

Mein Bruder und ich dachten, wir seien bei der »Versteckten Kamera« gelandet. Aber nein, das war die bittere Realität – und sie deprimierte. Uns wurde auf einmal klar, wie es unserem schwarzen Freund Abdou aus Bochum wohl täglich gehen muss in dieser Welt voller Stereotype und Vorurteile. Obwohl Abdou in Deutschland geboren und aufgewachsen ist, hier sozialisiert wurde und einen deutschen Pass hat, muss er immer wieder erklären, dass er aus Bochum kommt und nicht aus Nigeria wie seine Eltern.

Vorurteile sind vielleicht menschlich und normal. Bevor wir ein Urteil fällen können, haben wir zunächst ein Vorurteil. Aber ich frage mich auch, wie lange wir in unserem multikulturellen Deutschland noch in Schubladen denken werden.

Immer wieder höre ich, was »wir« – Menschen mit MH – noch machen könnten, sollten oder müssten, um »uns« erfolgreich in Deutschland zu integrieren. »MH« steht dabei nicht für das Autokennzeichen von Mülheim an der Ruhr. In diesem Kontext steht es für Menschen mit sogenanntem »Migrationshintergrund«. MH, das hört sich für mich an wie eine Krankheit.

Ein Migrationshintergrund liegt laut Erhebungsverordnung der Bundesagentur für Arbeit vom 29. September 2010 vor: wenn »1. die Person nicht die deutsche Staatsangehörigkeit besitzt oder 2. der Geburtsort der Person außerhalb der heutigen Grenzen der Bundesrepublik Deutschland liegt und eine Zuwanderung in das heutige Gebiet der Bundesrepublik Deutschland nach

1949 erfolgte oder 3. der Geburtsort mindestens eines Elternteiles der Person außerhalb der heutigen Grenzen der Bundesrepublik Deutschland liegt sowie eine Zuwanderung dieses Elternteiles in das heutige Gebiet der Bundesrepublik Deutschland nach 1949 erfolgte.«

Ich fühle mich in allen Punkten angesprochen. Ich habe keine deutsche Staatsangehörigkeit, sondern eine kroatische und eine serbische. Ich bin nicht in Deutschland geboren, sondern in Zagreb. Und ja, ich bin nach 1949 nach Deutschland gekommen, genauer gesagt am 4. August 1991. Meine beiden Töchter, die in Düsseldorf geboren sind und auch dort aufwachsen, haben dementsprechend also auch einen MH, denn ihre Eltern wurden beide außerhalb der heutigen Grenzen der Bundesrepublik Deutschland geboren.

Laut Statistik leben mehr als sechzehn Millionen Menschen mit MH in Deutschland. Tendenz steigend. Man könnte sogar behaupten, dass heute jeder zweite Mensch in Deutschland seine Wurzeln »woanders« hat. Wer kann schon noch von sich behaupten, er/sie sei »ethnisch sauber«? Vielleicht irgendein Mönch aus Tibet, dessen Vorfahren keine Möglichkeit hatten, sich in jemanden zu verlieben, der einer anderen Ethnie angehörte. In Deutschland ist es aber inzwischen so, dass in fast jeder zweiten Familie mindestens ein Zweig Wurzeln in einem anderen Land hat. Zum Glück, denn das macht uns stark und reich.

Dieser Mix der Kulturen hat auch wesentlich dazu beigetragen, dass Deutschland heute ein offenes, buntes, kosmopolitisches Land ist. Nur sieht man die Menschen mit MH aber leider selten als Leistungsträger dieser Multikultigesellschaft und viel öfter als Problem. Es sei denn, sie spielen erfolgreich Fußball in der deutschen Nationalmannschaft. Und singen bei der Hymne mit.

Und noch etwas finde ich merkwürdig: Wenn man von Integration spricht, dann so, als sei sie »unsere« Aufgabe. Sprich: eine Aufgabe der Menschen mit MH. Die Biodeutschen haben da keine Aktien drin. Dabei wissen wir doch längst, dass Integration keine Einbahnstraße ist, sie betrifft uns alle. Es ist ein Ideal, und wir müssen alle etwas tun, um diesem Ideal täglich näher zu kommen.

Deutschland darf nicht in »wir« und »ihr« oder in »Kanaken« und »Kartoffeln« geteilt sein. Das Land ist inzwischen kulturell so gefleckt wie das Fell eines Leoparden. Aber es ist ein Fell, und das gehört uns allen, egal, wie wir aussehen, an was wir glauben oder nicht glauben, mit wem wir schlafen und wie unsere Namen klingen. Diese Vielfalt an Kulturen, Sprachen, Religionen und Sitten ist unsere Stärke. Das alles muss man als Potenzial sehen und als solches pflegen und darauf aufbauen.

Ich sehe vielleicht so aus, als würde ich kein Deutsch sprechen. Und einen Akzent habe ich auch. Aber ich lebe gerne in Deutschland und fühle mich jeden Tag ein Stück mehr deutsch. Und auch der Polizist aus Aachen muss sich langsam an Leute wie mich gewöhnen. Er muss sich halt auch integrieren.

Dunkle Wolken über
Schloss Bellevue

»Sehr geehrter Herr Rabrenović, wir organisieren eine Talkrunde auf dem Bürgerfest des Bundespräsidenten im Schloss Bellevue in Berlin. Wir möchten Sie herzlich dazu einladen, als Diskutant an unserem Gespräch über das Thema ›Migration – Integration – Rassismus: neue und alte Herausforderungen‹ teilzunehmen. Wir würden uns sehr freuen, Sie trotz der recht kurzfristigen Anfrage für die Diskussion zu gewinnen!«

So stand es in der Einladung, die ich vor Kurzem per Mail erhielt.

Wow, dachte ich, jemand interessiert sich dafür, was ich über »Migration, Integration und Rassismus« denke. Und darüber soll ich vor dem Bundespräsidenten erzählen? Ich sagte zu. Daraufhin buchte die Stiftung für mich Flüge von Düsseldorf nach Berlin und zurück und ein Vier-Sterne-Hotel in der Hauptstadt. Kurz dachte ich: Der Kanake vom Balkan hat es geschafft, er wird vor dem Bundespräsidenten sprechen.

Zu der Talkrunde, die eine halbe Stunde dauern sollte, wurden noch weitere fünf Teilnehmer mit MH aus verschiedenen Bereichen und Städten Deutschlands eingeladen. Jeder würde also nur wenige Minuten zu Wort kommen können. Und das bei so einem komplexen und wichtigen Thema. Aber egal, so eine

Einladung sagt man einfach nicht ab. Ich überlegte – und beschloss, dass ich in erster Linie von meinen persönlichen Erfahrungen in Deutschland erzählen würde. Keine Theorie, keine Politik, keine abgedroschenen Phrasen. Einfach das, was ich in meiner Sendung, mit meiner Band und als Autor mache und erlebe. Nicht mehr und nicht weniger.

Am Tag vor der Reise sagte meine Frau: »Danko, du kannst nicht wie ein Penner im Schloss Bellevue aufkreuzen.« Also kaufte ich mir noch ein Paar neue Schuhe. Extra für den Präsidenten.

Am Tag der Tage kam ich sogar zwei Stunden zu früh im Schloss Bellevue an. So hatte ich noch Zeit, mich ein wenig umzuschauen. Es gab diverse Bühnen mit Livemusik und Diskussionen, außerdem viele Spiel- und Spaß-Angebote für Kinder. Auch einige Stiftungen und Organisationen hatten eigene Stände und Pavillons auf dem Gelände aufgebaut. Irgendwann sah ich eine Traube Menschen langsam näher kommen. In ihrer Mitte befand sich Bundespräsident Gauck höchstpersönlich mit seiner Begleitung. Sein Ziel war offenbar die große Parkbühne, wo gleich auch unsere Talkrunde auf dem Programm stand. Ich dachte: Respekt, die Diskussionen finden nicht nur auf »seinem« Gelände statt, er wird auch wirklich dabei sein und zuhören. Die Parkbühne war die größte im Schlosspark, und unsere Talkrunde war als letzte angesetzt, sie schien also für die Organisatoren und für den Bundespräsidenten eine wichtige Sache zu sein. Eine halbe Stunde vor Veranstaltungsbeginn begab ich mich in den Backstagebereich, ein kleines weißes Zelt neben der Parkbühne. Alle Beteiligten waren schon da: die Sozialarbeiterin Mary Opio, Deniz Ince von der Organisation »Heroes Berlin«, die ehemalige SPD-Politikerin Lale Akgün und Ekrem Şenol, Chefredakteur des interkulturellen Magazins »Migazin«. Für die Moderation war meine WDR-Kollegin Asli Sevindim zuständig. Ich begrüßte Asli und die anderen und nahm mir ein Wasser aus dem Cateringkühlschrank.

»Herzlich willkommen im Schloss Bellevue«, sagte plötzlich ein Mann aus dem Team des Bundespräsidenten, der gerade im Zelt aufgetaucht war. Er wünschte uns eine lebhafte und interessante Diskussion und verschwand wieder. Kurz vor dem eigentlich geplanten Beginn des Talks stand er plötzlich erneut vor uns: »Ich habe leider eine schlechte Nachricht für Sie. Es beginnt zu regnen.« Wir gingen hinaus, und ich bekam zwei Tropfen auf die Nase.

»Das nennen Sie Regen?«, fragte ich. »Na ja, das nicht – aber schauen Sie mal die dunklen Wolken da drüben. Das sieht nicht gut aus. Vielleicht verschieben wir die Diskussion einfach auf nächstes Jahr«, schlug der Gauck-Mann vor. »Gleiche Zeit, gleicher Ort.«

»Das würde ich sehr begrüßen«, sagte plötzlich der Stage-Manager. »Ich hab hier gleich The Baseballs auf der Bühne, und ich bekomme einen Riesenärger mit deren Manager, wenn die nicht pünktlich anfangen.«

»Das verstehe ich nicht«, warf ich ein. »Die Band kann trotz Regen spielen, aber wir können nicht diskutieren? Die Bühne ist doch überdacht.«

»Ja, die Bühne schon, aber das Publikum nicht«, gab die Stiftungsfrau zu bedenken. »Die paar Hundert Leute, die jetzt noch da sind, werden sich bei Regen drüben im Pavillon verstecken. Von dort werden sie die Musik der Band noch mitbekommen, unsere Diskussion aber nicht.« – »Wie gesagt«, meldete sich erneut der Gauck-Mann, »ich kann Ihnen anbieten, die Diskussion auf nächstes Jahr zu verschieben, und Sie gehen jetzt schön was zusammen essen und schicken uns einfach die Rechnung.«

»Oh, vielen Dank!«, sagte die Stiftungsfrau. »Das ist sehr nett von Ihnen. Wir nehmen das Angebot gerne an.«

So ein Riesenaufwand, so ein wichtiges Thema, die Diskussionsteilnehmer reisen aus ganz Deutschland an, und dann wird die Veranstaltung kurzfristig wegen ein paar Tropfen Regen abgesagt? Es gibt doch in Deutschland für alles einen Plan B. Wir hätten die Diskussion doch an einem überdachten Diskussionsort machen können.

Ich wollte es einfach nicht glauben – und hatte noch dazu das Gefühl, dass weder die Organisatoren noch die anderen Teilnehmer ernsthaft scharf auf die Diskussion gewesen waren. Plötzlich freuten sich alle auf das Essen, das uns der Bundespräsident spendierte. Niemand regte sich auf. Nur ich war sauer und fühlte mich dafür auch noch schlecht. Aber weil ich kein Spielverderber sein wollte, beschloss ich, trotzdem mit ins Restaurant zu kommen. Während wir auf den Rest der Truppe warteten, kamen schon The Baseballs auf die Bühne, eine Berliner Rockabilly-Combo. Ich hörte mir ein paar Takte an, konnte mich aber nicht ernsthaft auf die Musik einlassen. Der Regen hatte sich auch nicht verstärkt, sondern inzwischen komplett aufgehört.

Nach dem gemeinsamen Essen beim Italiener verabschiedete ich mich als Erster aus der Runde und ging ins Hotel.

Die versprochene Einladung, an der verschobenen Talkrunde im darauffolgenden Jahr teilzunehmen, habe ich nie bekommen. Vielleicht ist es auch besser so. Und immerhin habe ich jetzt ein Paar Schuhe, die ich bis heute meine »Bellevue-Schuhe« nenne.

Heimat ist da, wo ich bin

»Und wo ist deine Heimat?«

»Meine Heimat ist Serbien.«

»Obwohl du hier in Deutschland geboren wurdest und hier groß geworden bist? Du hast auch nie in Serbien gelebt, oder?« – »Ja, das stimmt, aber meine Eltern stammen aus Serbien. Dort sind auch meine Wurzeln, und dort fühle ich mich heimisch.«

Solche und ähnliche Äußerungen habe ich in meiner Radiosendung »Balkanizer« schon oft von meinen Gästen gehört. Egal, ob ihre Eltern aus Serbien, Kroatien oder Bosnien stammen – für viele ist die Heimat dort, wo die Wurzeln ihrer Familie liegen. Das ist auch völlig legitim, denn Heimatgefühle sind sehr individuell. Trotzdem kann ich die Einstellung mancher Gäste nur schwer nachvollziehen, denn für mich ist Heimat schon lange keine geografische Koordinate mehr. Und Wurzeln? Dazu habe ich ein sehr zwiespältiges Verhältnis. Natürlich weiß ich, wo meine kulturelle Identität liegt. Aber ich weigere mich, sie auf einen bestimmten Ort zu reduzieren. Denn die Wurzeln halten uns an einem Ort fest. Sie sind unser Gefängnis. Um Freiheit zu genießen, müssen die Wurzeln raus. Bei einem Baum ist es noch extremer: Die Wurzeln sind gleichzeitig sein Leben und sein Tod.

Viele meiner Landsleute, die in Deutschland leben, können

sich mit der Tatsache, dass hier ihre Heimat oder zumindest ihre neue Heimat ist, nicht anfreunden. Ganz egal wie lange sie schon hier leben, und völlig unabhängig davon, ob es ihnen hier gut geht oder nicht: »Deutschland ist meine Heimat« – das kriegen sie einfach nicht über ihre Lippen. Manche sähen so ein Bekenntnis sogar als Verrat am eigenen Land. Nach dem Motto: Was würden meine Familie und meine Landsleute über mich denken, wenn ich zugäbe, dass ich mich in Deutschland wohler fühle als »zu Hause«? Ich darf niemals zugeben, dass es mir in Deutschland gut geht, dass ich das Land liebe und mich hier auch heimisch fühle.

Als ich 1995, nach meinem ersten Nachkriegsbesuch in Belgrad, wieder im Flugzeug Richtung Düsseldorf saß, spürte ich plötzlich Freude in mir. Freude, bald dort anzukommen, wo ich nie hin, und von wo ich anfangs auch möglichst schnell wiederweg wollte. Dieses Gefühl fand ich zwar etwas seltsam und befremdlich, es war sogar fast ein kleiner Schock, aber ich habe es nicht unterdrückt. Warum freute ich mich plötzlich auf Deutschland? Und worauf freute ich mich eigentlich? Was war so toll an dem Land, in dem die Sonne so selten schien und in dem ich mich einmal im Jahr bei der Ausländerbehörde melden musste? Über die Antwort habe ich den ganzen Flug über nachgedacht. Spätestens bei der Landung in Düsseldorf war mir klar, was ich zunächst so gut wie möglich verdrängt hatte: Meine alte Heimat hatte sich einfach auch ganz gravierend zum Schlechten verändert. Belgrad würde niemals wieder so sein wie früher. Außerdem hatte der Krieg Jugoslawien in Teile gerissen, und die Seiten meines Kindheitsdreiecks verliefen auf einmal nicht mehr innerhalb eines Landes, sondern quer durch Serbien und Kroatien. Nein, in meiner alten Heimat wollte ich nicht mehr leben. Und deswegen war ich froh, in Deutschland eine neue Perspektive gefunden zu haben. Eine neue Umgebung, wo ich wieder »ich« sein konnte. Das war der Grund für meine Freude.

Viele Menschen leben immer noch dort, wo sie geboren und aufgewachsen sind. Das ist ihre Heimat. Etwas anderes, das sie »Heimat« nennen könnten, kennen sie nicht. Mir liegen keine Statistiken vor, aber ich kann mir vorstellen, dass die Mehrheit auf unserer Erde dieses Schicksal teilt. Trotzdem haben immer mehr Menschen zwei oder mehrere Heimaten. Moderne Nomaden, die in mehreren Kulturen zu Hause sind.

Ich lebe in Deutschland inzwischen länger als im ehemaligen Jugoslawien. In dieser Zeit sind zu meinem Kindheitsdreieck noch Düsseldorf und Köln dazugekommen. Aus dem Dreieck wurde ein Fünfeck. Düsseldorf ist der Wohnort meiner Familie und die Basis meiner Band. In Köln zeichne ich meine Radiosendung auf, da ist der WDR, da ist mein Verlag, da ist unser Bandlabel. Ich fühle mich an all diesen Orten gut und heimisch. Aber nicht nur, weil diese Orte so sind, wie sie sind, sondern weil dort Menschen leben, die mir etwas bedeuten. Und weil ich dort Sachen mache und erlebe, die mir wichtig sind.

Anfangs habe ich gedacht, dass ich mir mehrere Heimaten schaffen muss, damit sie mir meine alte Heimat Jugoslawien ersetzen und damit ich nie wieder ohne Heimat bleibe. Heute weiß ich, dass Heimat für mich eher ein Gefühl ist, das ich überallhin mitnehmen kann. Heimat ist dort, wo mein Kind aufwacht. Dort, wo ich mit Freunden singe. Dort, wo meine Mutter meine Lieblingssuppe aus Tomatenmark macht. Und dort, wo das »Rotlicht« in einem Studio angeht. Heimat ist überall, wo meine Nächsten sind und ich mich wohlfühle. Heimat ist überall, wo ich »herzlich willkommenčić« bin. Das kann heute Düsseldorf sein, morgen Köln und nächste Woche schon Zagreb, Belgrad oder die Insel in Dalmatien.

Kein Wunder, dass ich schon lange kein Heimweh mehr gefühlt habe. Wo meine Heimat ist, darüber denke ich inzwischen gar nicht mehr nach. Ich glaube, ich habe sie längst gefunden. Heimat ist da, wo ich bin.

Danke: Alida Bremer, Julia Eichhorn, Sebastian Brück, Marion Mentzel, Peter Paul Heinen, meiner Familie und Freunden für ihre Unterstützung und Inspiration.

Inhalt